Elogios para
El héroe al lado tuyo

"Para mí, es una regla de oro que cuando esté surfeando, siempre vuelva a subirme a mi tabla cada vez que sufra una caída significativa. La vida y el surf son parecidos en el sentido de que ambos te sacudirán y no siempre será fácil encontrar el camin o o recuperar la perspectiva que llevabas. *El héroe al lado tuyo* está lleno de lecciones e historias sencillas que nos motivan a navegar y a levantarnos cada vez que afrontemos tiempos difíciles".

—**Laird Hamilton**, surfista estadounidense

"Habiendo sido derribado varias veces tanto en mi carrera futbolística como empresarial, entiendo muy bien la importancia de ser resiliente y volver a levantarse. En este libro, Rob Clark hace una poderosa sustentación de lo que es la resiliencia cotidiana, de tal modo que todos podemos apreciar qué es y en qué consiste ser resiliente. ¡Bien hecho, Rob!".

—**Roger Staubach**

"Creo firmemente que una derrota bien asimilada tiene la capacidad de dirigirte por un mejor camino que cuando obtienes una victoria, siempre y cuando tengas el valor de recuperarte, aprender de ella y seguir adelante. *El héroe al lado tuyo* contiene historias y anécdotas edificantes cuyo propósito es ayudarle a cualquier persona a superar sus pérdidas y a recuperar su mentalidad ganadora. Rob Clark ha diseñado este modelo de positividad de tal modo que sea útil para todo oficinista, empresario, padre de familia, entrenador, maestro o jugador".

—**Morgan Wooten**
Entrenador–Salón de la Fama, Naismith Memorial,
DeMatha High School

"En algún momento, todos pasamos por adversidades en la vida. Eso es inevitable. Sin embargo, lo que nos distingue de los demás es la forma en que reaccionamos en medio de ellas, esto es lo que en verdad nos hace más fuertes. *El héroe al lado tuyo* es una lectura que nos ofrece historias cortas y lecciones de vida que nos enseñan a convertir la adversidad en acción. Y esa acción es el camino más rápido para que todos volvamos a estar en el lado ganador".

—**Lou Holtz**
Entrenador de fútbol americano universitario
–Salón de la Fama

"La resiliencia ha sido la piedra angular de mi vida y de mi larga carrera como entrenador. Rob Clark aprovecha de manera experta esta resiliencia de la cual echamos mano a diario, compartiendo con nosotros historias y lecciones muy gratificantes. Me encantó *El héroe al lado tuyo* y no veo la hora de leer su próximo libro".

—**Charles "zurdo" Driesell**
Entrenador de baloncesto–Salón de la Fama

"El fútbol es como la vida. En algún momento, a todos nos derriban. La pregunta es: ¿cómo te levantas? La respuesta es: resiliencia. Este libro de Rob Clark revela el poder de la resiliencia cotidiana en todos los aspectos de la vida".

—**Michael Bidwill**
Presidente de Arizona Cardinals

"El cambio trae consigo transformación y revela nuestro verdadero valor y nuestra capacidad de adaptación. *El héroe al lado tuyo* nos muestra cómo ser cada vez más fuertes, más sabios y mejores, a medida que enfrentamos cambios que son inevitables en nuestra vida. Creo que la sabiduría aquí impresa es perspicaz e invaluable".

—**Kristine Carlson,**
Bestseller de *The New York Times*, coautora de la colección de libros
Don't Sweat the Small Stuff

"La resiliencia es un deporte que se practica en equipo. No podemos ponerla en práctica solos. *El héroe al lado tuyo* destaca el beneficio de ayudarles a los demás al mismo tiempo que nos ayudamos a nosotros mismos. Además, nos muestra que el agradecimiento es una fuerza poderosa. ¡Gracias, Rob!".

—**Tom Ziglar**
CEO, Ziglar, Inc. (y orgulloso hijo de Zig Ziglar)

Ya sea que estemos administrando nuestro propio negocio o formando una familia, todos necesitamos pequeños recordatorios que nos permitan profundizar en el aprecio que sentimos por ciertas cosas, para luego ponerlo en práctica y afinar nuestra perspectiva. *El héroe al lado tuyo* ofrece anécdotas e historias cortas por medio de las cuales el lector se identifique y se anime a dar un paso atrás con el fin de enfocarse mejor en los asuntos de su vida que son realmente importantes".

—**Daniel H. Pink**
Autor de *When, Drive* y *To Sell Is Human*

"He dedicado mi vida a ayudarles a las personas a superar la adversidad y a aumentar su capacidad de resiliencia. *El héroe al lado tuyo* resume muchos de los principios básicos de resiliencia en un formato fácil de digerir y divertido de leer. Si tu meta es tener una perspectiva saludable de la vida, junto con un profundo sentido de aprecio, ¡te encantará este libro!".

—Dra. Eva Selhub
Autora y oradora aclamada a nivel internacional
Fundadora de Resiliency Experts

"Este libro de Rob Clark, *El héroe al lado tuyo*, le brinda un rayo de luz y un mensaje de esperanza a cualquiera que haya pasado por una lucha en su vida. Cada historia es un verdadero sermón y le enseña al lector una poderosa lección de resiliencia. Independiente de cuál sea tu fe religiosa, este libro te inspirará a actuar y avanzar con confianza".

—Monseñor John Enzler
Presidente y CEO de Catholic Charities
of the Archdiocese of Washington

"Durante mis 2.103 días como prisionero de guerra, aprendí varias lecciones de vida en la escuela de los golpes duros. Viví la experiencia, pero Rob Clark capta brillantemente, a lo largo de estas páginas, quiénes y cómo eran los inquilinos que hicieron parte de mi supervivencia. Rob desglosa las cuatro facetas de la resiliencia en esta lectura tan amena y fácil para todos".

—Capitán Charlie Plumb
Piloto prisionero de guerra de Vietnam y orador motivacional

"He dedicado mi vida a ayudarles a las personas a lograr cambios de comportamiento positivos para ellas, y a mantenerlos. Aplaudo a cualquiera que anime a la gente a ir en esa misma dirección positiva. Rob Clark es una de esas personas. *El héroe al lado tuyo* no solo les proporciona a sus lectores un refuerzo positivo, sino que también incluye en sus páginas consejos bastante prácticos".

—Marshall Goldsmith
Autor *bestseller* y entrenador #1 en el tema del liderazgo

"Desde que Fred Astaire y Ginger Rogers nos exhortaron a todos los americanos a 'recuperarnos, sacudirnos el polvo y comenzar de nuevo', la virtud de la resiliencia no se había expresado con tanta elocuencia como hasta ahora. ¡Haz espacio en tu agenda para leer *El héroe al lado tuyo*, de Rob Clark!

—**Mo Rocca**
Corresponsal de *CBS Sunday Morning* y autor de
Mobituaries: Great Lives Worth Reliving

"Habiendo pasado tiempo en el servicio público, entiendo la importancia de la resiliencia para mantener seguro a nuestro país. Esos mismos principios resilientes aplican también a nuestra vida personal y profesional. Gracias, Rob, por articular con tanta claridad el concepto de resiliencia cotidiana para así mantenernos a salvo también a nosotros".

—**Tom Ridge**
Primer Secretario de Seguridad Nacional de EE. UU.
y director ejecutivo de Ridge Global

EL HÉROE AL LADO TUYO

HISTORIAS DE RESILIENCIA Y PERSISTENCIA DE PERSONAS COMO TÚ

EL HÉROE AL LADO TUYO

HISTORIAS DE RESILIENCIA Y PERSISTENCIA DE PERSONAS COMO TÚ

ROB CLARK

TALLER DEL ÉXITO

El héroe al lado tuyo

Copyright © 2022 - Taller del Éxito

Título original: *Everyday Resilience for Everyday Heroes*
Copyright © Rob Clark
All right reserved.

Traducción al español: Taller del Éxito, Inc.

Reservados todos los derechos. Ninguna parte de esta publicación puede ser reproducida, distribuida o transmitida por ninguna forma o medio, incluyendo: fotocopiado, grabación o cualquier otro método electrónico o mecánico, sin la autorización previa por escrito del autor o editor, excepto en el caso de breves reseñas utilizadas en críticas literarias y en ciertos usos no comerciales dispuestos por la Ley de Derechos de Autor.

Publicado por:
Taller del Éxito, Inc.
1669 N.W. 144 Terrace, Suite 210
Sunrise, Florida 33323
Estados Unidos
www.tallerdelexito.com

Editorial dedicada a la difusión de libros y audiolibros de desarrollo personal, crecimiento personal, liderazgo y motivación.

Traducción y corrección de estilo: Nancy Camargo Cáceres
Diseño de cubierta y diagramación: María Karla Castellanos

ISBN: 9781607388166

25 26 27 28 29 R|GIN 08 07 06 05 04

Contenido

Elogios para *El héroe al lado tuyo*	3
Resiliencia cotidiana	19
Adversidad	23
El viento siempre está a nuestras espaldas	24
¡Cuando las cosas van boom!	27
Palo de hockey versus toboganes y escaleras	31
El fracaso podría ser el mejor resultado	34
¡Navega sobre la ola correcta y estarás en la cima del mundo!	38
Aprende de tus derrotas	41
El momento perfecto para la imperfección	44
En algún momento, todos necesitamos nuestro osito de felpa	48
¡Enfrenta tus monstruos!	51
No siempre puedes jugar por el campo medio	55
El gato grande siempre llega tarde	58
El libre albedrío y la libertad de elección	61
A veces, alejarse es la mejor opción	64
Perfil de resiliencia cotidiana ante la adversidad: te presento a Tim Strachan	67
Perspectiva	73
Todo es cuestión de perspectiva	74
Toda espina tiene su rosa	78
¡Señales, señales, en todas partes hay una señal!	82
Cadenas de ahorro, Bitcoin, "¡*Dilly Dilly!*" y otras cosas que pretendo entender	85
Lecciones de vida de Frankie "el montacargas"	89
El peligro de enfrascarse en asuntos menores	93

Lo hecho, hecho está	96
¿En qué parte de tu recorrido te encuentras?	98
No esperes por la cabina telefónica de Sasaki	101
Tu vecino tampoco lo tiene todo resuelto	105
Un tipo de héroe diferente	108
Cuando los reflectores no están sobre nosotros	111
Concéntrate en lo que estás haciendo	114
La puerta siempre está abierta	117
Un paraíso en el parqueadero de un CVS	120
Perfil de la resiliencia cotidiana en perspectiva: conoce al "Sr. Gen" Lefeged	123

PASIÓN 127

¡Bueno, ese sí que es un magnífico esfuerzo!	128
Haz mucho más que el esfuerzo mínimo indispensable	131
La espada de doble filo de la pasión	134
Tómate el tiempo para celebrar tus victorias (grandes y pequeñas)	137
Aprovecha tus minutos de juego al máximo	140
Ponte el uniforme con orgullo	143
Cuidado con los débiles	146
Cuando se trata de dejar un legado, ¡piensa en pequeño!	149
Es cuestión de equilibrio, ritmo y paciencia	152
¡Tú mismo eres tu mejor o peor colaborador!	155
Vivir asustados NO es una opción	158
Deja salir lo que hay en tu corazón	161
¡Métete! ¡El agua está perfecta!	164
Perfil de una resiliencia cotidiana apasionada: conoce a Maureen Appel	167

APRECIO 178

Te ganaste la lotería 179
Las piezas de Jenga en tu vida 183
Es hora de olvidar tanta lamentación 186
Yo te respaldo 189
Alguien empacó con cuidado tu paracaídas 192
"Estaremos ahí para ti en tu peor día" 195
Deja algo de espacio en tu vida para la esperanza 199
El lado positivo de una crisis 202
¿Qué dirá la gente sobre nosotros en nuestro funeral? 205
¿Cuál es tu habilidad? 208
¿Quiénes son aquellas personas a las cuales acudes en tu vida? 211
El insistente servicio de *catering* 214
Los ángeles guardianes y el poder de la resiliencia 217
Evita la mentalidad de cangrejo 220
Hazte presente en el presente 223
Perfil de una resiliencia cotidiana basada en el agradecimiento: el entrenador Rooster Nalls y sus cinco lecciones de vida 225

LA PALABRA FINAL 231

*Este libro está dedicado a Reed y Phyllis Clark
(también conocidos como mamá y papá).
Gracias, por todos los sacrificios
que hicieron por sus cinco hijos.
Ustedes son un gran ejemplo de resiliencia.*

Resiliencia cotidiana

Resumiré en tres palabras todo lo que sé sobre la vida:
¡la vida continúa!
—Robert Frost

El *Diccionario Webster* define resiliencia como "la capacidad de volver a ser fuerte, saludable o exitoso después de que te sucede algo malo". Típicamente, estamos expuestos a este concepto de resiliencia en superlativo. Es decir, escuchamos historias increíbles de personas que superan grandes obstáculos para lograr lo imposible.

Es así como nos enteramos del ciego que escaló el monte Everest. Del niño flacuchento que se convirtió en un heroico mariscal de campo del Super Bowl. Del hombre o la mujer sin mayor formación académica que se atrevieron a escribir una gran novela. Sin lugar a duda, todas estas historias son motivadoras y notables. Pero, ¿qué hay con el resto de nosotros? Con nuestras historias, con nuestras luchas, con nuestra capacidad de perseverar frente a la adversidad, con quienes no apareceremos en los titulares de ningún medio de comunicación, ni ganaremos grandes premios y que, sin embargo, requerimos de la misma cantidad de coraje y determinación para superarnos en la vida.

Existen demostraciones diarias de resiliencia en las aulas de clase, en los campos deportivos, en los cubículos de las oficinas, en los pueblos pequeños y en las grandes ciudades del mundo. Es posible que no haya mucho en juego y que esas historias no sean tan sensacionalistas.

Lo cierto es que armarse de valor para recuperarse de cualquier contratiempo, sin importar cuán grande o pequeño sea, es un buen motivo para celebrar. ¡La resiliencia en cualquiera de sus formas es un pequeño gran milagro!

Este libro le da luz a la "resiliencia cotidiana" que todos necesitamos reunir en nuestra propia vida tanto a nivel personal como profesional.

La capacidad que desarrollemos para reponernos de un revés, saliendo de él más fuertes, más saludables y más *resilientes* que nunca, es la clave de nuestro éxito y nuestra felicidad. Los individuos resilientes no andan en busca del fracaso, ni de las decepciones, ni de las tragedias, pero ellos entienden que estos contratiempos son una parte natural de la vida y saben que, hasta cierto punto, son inevitables. Y en lugar de replegarse en un caparazón, los individuos resilientes se recuperan y responden con *acción*. ¡A menudo, esa acción es un paso audaz hacia adelante, rumbo a conquistar nuevas montañas!

Ahora, si bien una perspectiva optimista de la vida es importante, la resiliencia es mucho más que simplemente mantener una actitud positiva. Las personas resilientes necesitan adaptarse a diversos tipos de contratiempos, los cuales van desde los difíciles hasta los devastadores. La retractación de un negocio. Una degradación de rango o un despido laboral. Una relación que se dañó y se acabó. Una prueba fallida. Una derrota punzante. Un colapso financiero. La lista de fracasos sigue y sigue, pero, antes de que nos deprimamos demasiado, recuerda esto: ¡*Todos* tenemos la capacidad de superar estos desafíos y seguir adelante con nuestra vida!

En algún momento, todos y cada uno de nosotros enfrentamos algún tipo de batalla. La buena noticia es que también todos podemos recuperarnos de ella y salir de allí más fuertes que nunca. Esta *resiliencia cotidiana* es quizás el poder más valioso, aunque simple, de todos.

Pero, que sea simple no significa que sea fácil. Antes de comenzar a desarrollar este tema, reconozcamos que la resiliencia es una elección de vida. Debemos *elegir* participar en la batalla. Y para elegir la resiliencia, primero, debemos *creer*. *Creer* que somos capaces de alcanzar, en *algún momento*, el éxito y la felicidad. *Creer* que nuestras acciones frente a la adversidad traerán tiempos mejores en el futuro. *Creer* que contamos con la capacidad de superar inclusive nuestros momentos más difíciles.

En las siguientes páginas, exploraremos las cuatro facetas principales de la resiliencia cotidiana: *adversidad, perspectiva, pasión* y *aprecio*.

Todos nos enfrentamos a la **adversidad** en algún momento de nuestra vida. Nuestro viaje no será un cohete en línea directa hacia la cima. Habrá momentos que nos detendrán en seco. Habrá momentos que nos sacudirán hasta la médula. Pero es la capacidad de actuar y avanzar *a pesar* de los momentos turbulentos la que define nuestro éxito futuro.

Y durante estos tiempos adversos, debemos poner nuestros contratiempos en **perspectiva**. Nosotros no somos los únicos que estamos pasando por una lucha. Nunca estamos solos. Centrarnos en las cosas que realmente nos importan en la vida (por ejemplo, la salud de nuestros hijos o padres, la estabilidad de nuestra familia, la profundidad de nuestras relaciones) suele brindarnos perspectiva, ayudarnos a aceptar nuestros pequeños fracasos y tener fuerza para seguir adelante.

Pero nada de esto sucederá sin **pasión**. Y la pasión comienza con el esfuerzo. Tenemos que luchar para salir adelante. Es fundamental centrarnos en mantener nuestra perspectiva. Además, necesitamos luchar activamente contra nuestros miedos para superar cualquier contratiempo que surja en nuestra vida.

Finalmente, necesitamos mantener el **aprecio** por aquellos que nos han ayudado a lo largo de nuestro viaje. No podemos dar por sentado ningún gesto de colaboración que hemos recibido. ¿Quiénes son las personas que nos inspiran? ¿Aquellas que nos hicieron exitosos? ¿Que nos protegen en tiempos difíciles? El hecho de tomar distancia de una dificultad y de tomarnos el tiempo de apreciar y valorar todas las bendiciones que nos rodean nos dará la fuerza para seguir adelante. Ese sentimiento de aprecio y agradecimiento avivará el fuego de nuestra resiliencia.

La resiliencia cotidiana no es compleja. Solo necesitamos algunos sencillos recordatorios que nos mantengan en un camino positivo. Este libro es una guía práctica, útil para prepararnos para el próximo desafío que afrontemos bien sea en nuestra vida personal o profesional. A través de viñetas, citas e historias sencillas, cubriremos todos los aspectos de la resiliencia cotidiana. Presentaremos un plan de juego que hará fluir la resiliencia diaria. ¡Presentaremos un plan efectivo para lograr que todos seamos héroes de la vida diaria!

Con ese nivel de optimismo en mente, te invito a emprender este viaje resiliente. Te invito a mantenerte positivo y fuerte; a avanzar sin parar. Te invito a explorar el increíble poder de la *resiliencia cotidiana*. Juntos, superaremos la adversidad, mantendremos una perspectiva adecuada, afrontaremos nuestra vida con pasión y alcanzaremos un maravilloso nivel de aprecio por todo lo que ocurra en el camino.

Una vez que entendamos esto, lograr la resiliencia cotidiana está a nuestro alcance. Cualquiera puede hacerlo. ¡Nuestro recorrido empieza ahora mismo!

Adversidad

"Muéstrame a alguien que haya hecho algo valioso y te mostraré a alguien que ha superado la adversidad".
—**Entrenador Lou Holtz**

El viento siempre está a nuestras espaldas

Que el viento esté siempre a tus espaldas.
Que el sol brille cálidamente sobre tu rostro.
—**Antigua bendición irlandesa**

El verano es una época gloriosa del año. Está lleno de tradiciones únicas y de viajes divertidos. Una de mis escapadas favoritas es a Fenwick Island, Delaware. Me encanta pasar allí un fin de semana con un grupo de viejos amigos. Por tradición, siempre vamos a disfrutar de un crucero que hace su recorrido de mediodía por la bahía. Un año, mientras nos dirigíamos al norte, hacia Bethany Beach, DE, la embarcación navegó sin esfuerzo alguno por el canal, de tal modo que parecíamos levitar sobre el agua. La temperatura era perfecta, el cielo era de un azul celeste brillante y el sol derretía todas nuestras preocupaciones. Parecía que los buenos tiempos nunca terminarían.

Pero, cuando giramos hacia el sur, rumbo a casa, hubo un cambio notable en las condiciones climáticas. La embarcación comenzó a luchar contra las olas, la temperatura bajó 20 grados y el oleaje empezó a levantarse cada vez con más hostilidad. Un simple cambio del viento de la bahía había convertido un viaje relajante en una lucha monumental. A medida que nos acercábamos a la orilla, lo único que yo quería hacer era recuperar la sensación de comodidad y relajación de la cual estábamos disfrutando hacía apenas unos segundos.

De la misma manera, cuando el viento está a nuestro favor en nuestra vida personal y profesional, nos parece que durará para siempre. Todo lo que hacemos es exitoso, sin esfuerzo y simplemente divertido. Las relaciones con los demás se sienten más cercanas, las decisiones laborales que tomamos nos parecen las más precisas, los clientes están de nuestro lado y el sentimiento de optimismo y logro llena nuestra vida. Todo el mundo experimenta estos momentos felices en algún momento y es crucial celebrarlos y apreciarlos.

Sin embargo, debemos entender que estos sentimientos de bienestar y éxito no duran para siempre. Los vientos cambian con la misma rapidez que se pusieron a nuestro favor y es crucial estar preparados para enfrentar las consecuencias. De repente, una relación amistosa se vuelve antagónica. Una decisión clave en el trabajo comienza a tener consecuencias negativas o una pequeña tragedia en nuestro negocio o en nuestra vida personal afecta de manera intempestiva nuestra forma de ver la vida. Empezamos a cuestionar nuestra capacidad de juicio y nuestra claridad. Lo que una vez fue tranquilo y sin esfuerzo ahora está en caos. ¿Cómo podemos invertir el rumbo y lograr que el viento nos lleve de regreso a nuestro lugar feliz?

Todos experimentaremos tragedias. Todos cometeremos errores. Todos sufriremos esos momentos de aislamiento y vergüenza. ¿Qué vamos a hacer para revertir el viento a nuestro favor? No es fácil, pero es determinante reconocer que este no es el momento de sentirnos víctimas, ni de rendirnos o hacernos un ocho. ¡El mundo necesita que seamos fuertes!

En medio de cada tragedia o revés yace un resultado positivo. Nuestras relaciones serán puestas a prueba, pero las circunstancias nos ayudarán a comprender quién estará siempre ahí para nosotros. *¡Apóyate en esas relaciones!* Nuestras habilidades comerciales pueden fallarnos, pero aprenderemos de nuestros errores y nos convertiremos en líderes más inteligentes y seguros. *¡Nuestros compañeros de trabajo nos apoyarán!* Si logramos volver más fuertes después de un revés o una tragedia, esa experiencia negativa terminará convirtiéndose en una bendición.

¿Cómo reaccionaremos ante un cambio de rumbo repentino? La realidad es que somos nosotros mismos quienes controlamos la dirección del viento. Si reaccionamos como si el viento estuviera en nuestra cara todo el tiempo, lucharemos. Si reconocemos que el viento está en nuestra contra y que hay algo bueno por venir de cada contratiempo, simplemente, no hay posibilidades de naufragar. La elección es nuestra. ¡Elijamos la resiliencia!

Se avecinan buenos tiempos. Recuerda, ¡el viento siempre está a nuestras espaldas!

¡Cuando las cosas van boom!

*En cualquier crisis siempre hay héroes
que se elevan por encima de ella.*
—Jerry Bruckheimer

¡Aplausos para nuestros socorristas y funcionarios de manejo de emergencias! Después de haber trabajado durante los últimos 10 años con la Agencia Federal para el Manejo de Emergencias (FEMA), he aprendido de primera mano el nivel de planificación, trabajo arduo y esfuerzo emocional que implica mantener seguro este país durante tiempos de crisis.

También aprendí parte del léxico del gremio. Los funcionarios de gestión de emergencias usan con bastante frecuencia la palabra "¡boom!" en su lenguaje cotidiano. "¡Boom!" significa muchas cosas, pero todas son algún tipo de desastre. Una *explosión* real. Un *tornado* devastador. Un *huracán* masivo. Un *incendio* forestal fuera de control. Una *inundación* épica. Cualquiera que sea la tragedia natural o provocada por el hombre, FEMA y los funcionarios del manejo de emergencias deben reaccionar ante todo "¡boom!" que se presente.

Pero no se trata solo de la reacción. Obviamente, la *respuesta* a cada "¡boom!" es equivalente a tener que afrontar una misión crucial. Pero, ¿qué hay con respecto a la *preparación* que se requiere para afrontar un "¡boom!"? ¿Qué pasa con la *planificación* para actuar en caso de "¡boom!"? Para construir comunidades más estables y resistentes, los funcionarios de gestión de emergencias deben centrarse en lo que sucede "a la izquierda del boom". ¿Cómo mitigar el daño de un desastre en una comunidad? ¿Cómo prepararnos para lo peor, mientras nos enfocamos en las tareas diarias antes de que ocurra el "¡boom!"?

La preparación y la planificación son claves. Sin embargo, algunos desastres son tan devastadores y golpean con una fuerza tan *increíble* que eliminan incluso a la comunidad más resistente. La "izquierda del boom" es importante. Pero lo que suceda *durante y después* del "boom" determinará la verdadera resiliencia de una comunidad. Se trata de tener un plan cuya preparación impactará de manera positiva durante la etapa de recuperación.

Lo mismo es cierto para todos nosotros. Necesitamos prepararnos para el "¡boom!" en nuestra propia vida. Esta precaución ayudará a nuestra recuperación. Pero algunos contratiempos son tan devastadores o golpean con tan poca advertencia que bien podríamos volver a pisarnos los talones. ¿Cuál es nuestro plan para recoger los pedazos? ¿Cómo reaccionamos en nuestra vida *personal* y *profesional* cuando las cosas van "¡boom!"?

En nuestra vida laboral, tenemos que enfrentar una multitud de contratiempos y desafíos. Un cambio a la baja en el mercado. Un público apático. La pérdida de un cliente importante. Un caso imposible de ganar. Múltiples rechazos y un plan de negocios desactualizado. Lo que sucede en el "¡boom!" nunca es fácil. Pero nuestra preparación "a la izquierda del boom" determinará nuestra resiliencia "a la derecha del boom".

¿Nos hemos puesto en la tarea de prever la posibilidad de una contracción del mercado y, por lo tanto, cambiamos nuestra estrategia? ¿Hemos estado cultivando un portafolio de clientes más pequeños? ¿Decidimos modificar nuestro plan de negocios de tal modo que este refleje los cambios en los patrones de compra? ¿Ya investigamos los posibles cambios en las percepciones del mercado? El palo de hockey no se extiende hacia arriba exponencialmente para siempre. Siempre habrá caídas. Siempre habrá contratiempos. Por eso, cuando los tiempos sean buenos, necesitamos prepararnos para las malas rachas. Esa prevención nos ayudará a adoptar una actitud de resiliencia cuando suceda el "¡boom!".

Lo mismo ocurre en nuestra vida personal. Una relación fracturada. Un cambio repentino en la estabilidad financiera. La pérdida de un ser querido. Una mayor dependencia de algunas sustancias para ayudarnos a pasar el día. Estos son contratiempos que no le desearíamos ni a nuestro peor enemigo. Pero no siempre podemos controlarlos. En algún momento, ocurre un "¡boom!".

¿Qué tan dispuestos estamos a perdonar? ¿Hemos ahorrado lo suficiente para un día "lluvioso"? ¿Con qué frecuencia valoramos y apreciamos el tiempo que pasamos con nuestros seres queridos? ¿Sabemos cómo salir de una espiral antes de tocar fondo? No es posible *controlar* todo, pero tampoco está bien sentarnos pasivamente y esperar lo inevitable. Podemos mitigar el impacto devastador de un "¡boom!". Un poco de proactividad nos servirá para atravesar un largo camino. *¡La resiliencia comienza al "lado izquierdo del boom"!*

Pero no importa cuánto nos *preparemos*, cuánto *planifiquemos*, cuánto *anticipemos*. El hecho real es que no podemos escapar por completo del impacto de un "¡boom!". La resiliencia no se trata simplemente de "superar el golpe" o de "aguantarlo". Eso es demasiado simple. Hay momentos en nuestra vida en los que nos detendremos en seco. No querremos seguir. Necesitaremos retirarnos a nuestro caparazón y recuperarnos. A veces, la resiliencia requiere que presionemos el botón de reinicio. ¡Eso está bien! *Pero no podemos quedarnos en posición fetal para siempre.*

Hemos trabajado demasiado duro como para terminar quedándonos tirados en el suelo por mucho tiempo. Hemos ganado demasiadas batallas como para dejar que una derrota nos defina. Tenemos más a nuestro favor de lo que pensamos. Hay gente que cuenta con nosotros y nosotros con ellos. Así que es hora de levantarnos de las cenizas. ¡Es hora de recoger las piezas a la "derecha del boom"! Ninguna comunidad es inmune a los desastres. Y ninguno de nosotros está hecho a prueba de balas. El "¡boom!" no discrimina. En algún momento, todos estaremos en su mira.

Así como los administradores de emergencias preparan a sus comunidades y las ayudan a mantenerse resilientes, también nosotros debemos protegernos de los desafíos y contratiempos que plagan nuestra vida personal y profesional. Necesitamos *preparar. Planear. Perseverar.* E incluso cuando el "¡boom!" salga del campo izquierdo, no hay nada que nos impida seguir adelante.

¿Qué harás cuando las cosas vayan bien?

Palo de hockey versus toboganes y escaleras

No te avergüences de tus fracasos.
Aprende de ellos y empieza de nuevo.
—**Sir Richard Branson**

Toda empresa nueva sueña con lograr un crecimiento exponencial en las primeras etapas de su ciclo de vida corporativo. Este es un crecimiento que, después de un corto tiempo, aumenta de manera exorbitante e infinita. Una vez que el concepto empresarial se afianza, las ventas se disparan y nunca se estancan. No hay contratiempos en el desarrollo de los productos o servicios, ni obstáculos internos que impidan el crecimiento, ni generen saturación del mercado, ni competencia por la cual preocuparse. El logro del crecimiento exponencial es el nirvana para cualquier empresa que busque dominar toda una industria.

¿Es esta una expectativa realista? Cada plan de negocios se ve muy bien en el papel. Pero este es solo un concepto hasta que se pruebe en el mercado. Una vez que el negocio cobra vida, siempre habrá desafíos e imprevistos. Siempre habrá competencia. Siempre habrá obstáculos para lograr el crecimiento deseado. El camino hacia el éxito para cualquier negocio no siempre es lineal. Daremos grandes pasos hacia adelante que liberarán un torrente de emoción y adrenalina, pero es un hecho, sufriremos reveses desgarradores que pondrán a prueba nuestra determinación y nos harán cuestionar nuestra estrategia y nuestro juicio. Este progreso de "dos pasos adelante, un paso atrás" suele ser frustrante. Pero, mientras nos tomemos el tiempo para reflexionar sobre nuestros errores, corregirlos y avanzar con confianza, nuestro negocio no tiene por qué detenerse. Por el contrario, se irá volviendo cada vez más fuerte y de ese modo podremos asumir nuestro próximo gran desafío.

El mismo proceso también aplica a otros aspectos de nuestra vida. En todos los campos de acción siempre hay momentos de gran éxito y logros que nos catapultan hacia una gratificación personal o a obtener ganancias financieras inesperadas. Pero el panorama cambia constantemente y una nueva administración o nuevas políticas pueden hacernos retroceder a una capacidad de ingresos más baja o a tareas menos satisfactorias para nosotros. ¿Cómo responderemos a ello? ¿Pondremos excusas o lucharemos para volver a la cima?

Nuestras relaciones, tanto comerciales como personales, se fortalecen con el tiempo, a medida que aprendemos a confiar unos en otros. Pero un simple malentendido o un desacuerdo puede ponerlo todo en duda. ¿Romperemos los lazos de inmediato o agacharemos la cabeza y nos comunicaremos unos con otros en medio de los problemas? Nuestros hijos suelen enorgullecernos a medida que crecen y se convierten en excelentes hombres y mujeres. Pero una mala decisión puede hacer descender por un camino peligroso inclusive al chico mejor formado. ¿Nos daremos por vencidos con ellos o nos duplicaremos en amor y atención?

Si alguna vez has jugado al golf, conoces lo que es la emoción de darle a una bola que cayó en un lugar imposible de alcanzar. También sabes que habrá veces en que salgas al campo de golf y tengas el peor juego de tu vida. ¿Vas a tirar tus palos al estanque y abandonar el juego? (Claro, ¡pregunta retórica!) La realidad es que nada en nuestra vida se disparará rumbo al éxito para siempre.

Es frustrante sufrir un fracaso desgarrador cuando todo en nuestra vida apunta hacia el éxito infinito. Nadie lo espera y rara vez lo vemos venir. Pero tenemos que darnos cuenta de que, cada vez que damos un paso atrás, no es permanente. ¡La adversidad nos brinda la oportunidad de reflexionar, reenfocarnos y volver al ruedo más fuertes que nunca!

Cuanto antes nos demos cuenta de que los reveses son una parte natural de la vida, más pronto podremos concentrarnos y retornar a la normalidad. De hecho, estos contratiempos nos hacen apreciar todo lo que alguna vez tuvimos y nos brindan el valor y la fortaleza necesarios para regresar a la cima. Si todo en nuestra vida fuera fácil, ¿de dónde sacaríamos nuestra motivación? Probar el éxito y la felicidad, y perderlos, solo nos hace sentir más hambre de más éxitos y más felicidad. ¡No podemos revolcarnos en la autocompasión!

Es hora de volver a comprometernos con nuestro trabajo y volver a donde pertenecemos. ¡Nunca debemos dejar de construir nuestro negocio! ¡Nunca debemos dejar de comunicarnos en nuestras relaciones! ¡Nunca debemos dejar de amar a nuestros hijos!

A medida que avanzamos en nuestro viaje, vemos que la vida se parece más a ese viejo juego de mesa familiar conocido como toboganes y escaleras. Habrá momentos en los que estemos tan cerca de la cima que casi podemos saborearla. Pero un solo movimiento en falso puede hacernos deslizar de un momento a otro por un tobogán hasta caer en la parte más baja del tablero. Al mismo tiempo, puede que estemos sintiéndonos irremediablemente quedados de la manada, solo para caer en el recuadro de una larguísima escalera que nos conducirá a alturas que nunca creímos posibles de alcanzar.

Cuando estamos en la cima de nuestra vida, debemos apreciar cada momento, porque nunca sabemos dónde está al acecho el próximo tobogán. Cuando sufrimos un revés, no hay que desesperarnos. Mientras estemos dispuestos a empezar de nuevo y seguir intentándolo, siempre habrá una escalera que nos llevará de regreso a la cima.

Si dejamos de intentarlo, nunca ganaremos. Solo saldremos adelante si nos mantenemos resistentes, trabajamos duro y conservamos una actitud mental positiva. ¿Hay alguna otra forma de jugar este juego?

El fracaso podría ser el mejor resultado

*Si el fracaso no es una opción,
entonces, tampoco lo es el éxito.*

—Seth Godin

En el verano de 1991, salí del capullo de la vida universitaria y comencé mi "brillante" carrera en el campo de las ventas. Tuve la suerte de conseguir un trabajo en Standard Office Supply, una pequeña empresa propiedad de minorías en Washington, D.C. ¡En ese entonces, había una pequeña recesión y yo me sentía agradecido de tener un empleo remunerado!

Aquel fue un arduo trabajo. Estaba basado en comisiones, vendiéndoles a varias empresas de toda la región suministros de oficina. Si bien tuve algo de experiencia en ventas durante mis veranos en la universidad, nunca había manejado una zona de ventas, ni buscado prospectos que fueran más allá de las personas a las que conocía.

El primer día, el Dr. Milton Morris, copropietario del negocio y un emprendedor brillante, me entregó una pequeña lista de empresas para que comenzara mi labor. Se trataba tanto de empresas privadas como de agencias gubernamentales que le habían comprado suministros de oficina en el pasado. Me había llegado la hora de intentarlo. ¡*De conseguir el pan!*

Después de dos semanas, había agotado toda la lista y obtenido muy poco éxito. ¿Cómo se suponía que iba a sobrevivir? Entonces, volví a la fuente original de mis prospectos.

"Dr. Morris, me temo que ninguna de las empresas que Ud. me dio quiere comprar en este momento. Supongo que tendré que esperar hasta que cambien de opinión".

Una sonrisa irónica afloró lentamente en su rostro, seguida de una estruendosa carcajada.

"Tengo fe en que te las ingeniarás".

Y habiendo dicho eso, el Dr. Morris se alejó.

Esa no fue una gran ayuda. ¿Qué quiso decir él con eso? Entonces, fui a buscarlo para que me diera algunas *respuestas*. Todo indicaba que mi carrera en las ventas había terminado antes de siquiera comenzar. Pero, a medida que avanzaba el día, no lograba dejar de pensar en su expresión tanto de exasperación como de vértigo. Claramente, me estaba perdiendo de algo *grande*. Y claramente, dependía de mí averiguarlo.

Durante los días siguientes, observé los hábitos de los otros vendedores. Vi que visitaban edificios de oficinas y que caminaban piso por piso, intentando vender material de oficina. Ellos no estaban trabajando en una lista predeterminada, sino que se dedicaban a *encontrar* clientes, no a tacharlos en un papel. Por fin, caí en cuenta de algo increíblemente obvio. *¡Yo no tenía ni la menor idea de lo que significaba prospectar!* Había fracasado a un nivel épico y averiguarlo por mi propia cuenta agudizó mi vergüenza. (¡Ahora, entendía lo absurdo de mi conversación con el Dr. Morris!) Pero también agudizó mi determinación. *¡Nunca más dejaría que me volviera a suceder algo así!*

El Dr. Morris pudo haberme sermoneado. Pudo no haber sido condescendiente conmigo o incluso haberse enfadado. Pero, en cambio, tuvo la suficiente fe de dejarme resolverlo por mi cuenta. Él sabía que el fracaso es un gran motivador y que puede ser el mejor camino hacia el éxito.

Nunca queremos fracasar en nuestra vida laboral. Pero, a veces, tenemos tanto miedo que nos aferramos a lo más cercano que tengamos a nuestro alcance. Buscamos soluciones fuera de nosotros mismos y esperamos que alguien nos dé una respuesta mágica: *Con seguridad, nuestro CEO sabe cómo dirigir el rumbo de la empresa. Seguro, mi jefe eliminará los obstáculos internos que se presenten para lograr esta venta. Seguro, mi cliente entenderá mi presentación desde la primera vez y no tendré necesidad de hacerle seguimiento.*

Si bien los consejos y las tutorías siempre son bienvenidos, a veces, nosotros mismos tenemos que ser nuestro propio salvavidas. A veces, tenemos que encontrar el camino a seguir sin que nos brinden ayuda. Y a veces, tenemos que fracasar en el presente para tener éxito en el futuro. Tomar el control de nuestro propio destino aumenta nuestro sentimiento de logro. Pero también intensifica la devastación que viene junto con el fracaso. Ese sentimiento alimentará nuestra resiliencia. Ese fracaso bien podría ser lo mejor que podría pasarnos. *¡Nunca más fracasaremos!*

Ocurre lo mismo en nuestra vida personal. No siempre podemos confiar en que los demás nos protejan del fracaso. Nuestros padres no siempre estarán allí para protegernos. Es posible que nuestro cónyuge no siempre tenga la respuesta que buscamos. Quizá, nuestra familia tenga prioridades opuestas a las nuestras. No hay un "cazador entre el centeno" que nos salve de rodar por el precipicio.

Todo eso puede ser bueno. En algún momento, fracasaremos por nuestra cuenta. Y cuanto más tiempo hayamos estado protegidos, más difícil nos será recuperarnos de ese fracaso. No es fácil. Es difícil ver luchar a nuestros seres queridos. Pero el fracaso hace que todos seamos más *fuertes*.

El Dr. Morris podría haberme dado todas las respuestas. Pudo haberme aconsejado sobre los puntos más importantes de la prospección. Pero él sabía que la lección sería mucho más profunda y eficaz si yo los descubría por mi cuenta. También sabía que el fracaso *intensificaría* mi capacidad competitiva y mi resiliencia.

Nadie quiere parecer tonto. Nadie quiere sufrir la derrota y el ridículo. La gente te dirá que el fracaso no es una opción. Pero si ese fracaso *fortalece* nuestra determinación y alimenta nuestra resiliencia, ¡entonces, el fracaso podría ser la *mejor* opción!

¡Navega sobre la ola correcta y estarás en la cima del mundo!

Soportar es una habilidad subestimada.
—**Laird Hamilton**

Surfear es una habilidad que se aprende a través de prueba y error. Muy pocos de nosotros logramos un 10 perfecto en el primer intento. Nos caeremos de la tabla. Nos golpearemos. A veces, llegaremos demasiado temprano al encuentro con la ola o demasiado tarde y la perderemos por completo. Nos frustraremos y nos preguntaremos por qué les resulta tan fácil surfear a tantos otros y no a nosotros. Pero, si seguimos practicando, llegará el momento en que todo nos saldrá bien. Nuestro momento será perfecto, la ola será perfecta, el rompimiento será perfecto y pronto estaremos surcando el agua como cualquier otro campeón. ¡No habrá en nosotros ese sentimiento de frustración!

Pero, ¿cuántos de nosotros nos damos por vencidos después de los primeros intentos?

Si somos nuevos en un trabajo y las ventas no son fáciles, ¿buscamos pastos más verdes tan pronto como sea posible? Si estamos comenzando nuestro propio negocio y experimentamos un fracaso inicial, ¿nos damos por vencidos y volvemos a la seguridad que nos brinda la vida desde un cubículo? A veces, nos incorporamos a una empresa y es demasiado pronto para tener éxito, según el ciclo del producto. La publicidad móvil fue "la próxima gran cosa" durante 10 años, antes de que el iPhone la convirtiera en la *próxima gran cosa*. De modo que necesitamos paciencia. A veces, nos incorporamos a una empresa demasiado tarde en el ciclo de vida del producto y el mercado ya está saturado. Entonces, es hora de atrapar la próxima ola.

Nada que valga la pena viene con facilidad, así que necesitamos superar esos contratiempos iniciales y seguir avanzando. Una increíble sensación de euforia y confianza estará esperándonos si, simplemente, regresamos a esa tabla y le damos otra oportunidad.

Hablando de olas, estas vienen en todos los tamaños y formas. Algunas se ven perfectas en la cresta, pero al final, terminan desvaneciéndose y no llegan a ningún lado. Otras comienzan despacio, pero van tomando fuerza y velocidad y nos dan un viaje perfecto. Otras vienen con una buena cresta inicial y luego entran en una especie de segunda velocidad. Ese es el tipo de ola con un impacto aún mayor.

De la misma manera, algunas relaciones comienzan pareciendo tan prometedoras solo para terminar decepcionándonos. Inicialmente, pareciera que algunos clientes impulsarán nuestro negocio, solo para terminar decepcionando a nuestra fuerza de ventas. Cuidado con la ola que te da la impresión de que no fallarás. Quizás, esa primera impresión sea demasiado buena para ser verdad. Por el contrario, también hay muchas relaciones que comienzan lentamente, pero, si les das suficiente tiempo, al final, cobran impulso y nos brindan una experiencia emocionante. Al igual que con el surf, se requiere de paciencia para superar la dificultad inicial. En últimas, ¿a cuántos negocios nos hemos unido o iniciado que comenzaron funcionando bien, pero hubo problemas para mantener el impulso? Los mercados estancados, los nuevos competidores y una economía difícil tienden a desafiar el éxito a largo plazo de cualquier negocio. Muchos no tienen la capacidad de recuperación necesaria para impulsarse sobre esa segunda ola de última hora.

Grandes compañías como Apple, PayPal, Under Armour y cada una de AOL experimentaron un éxito inicial antes de estancarse con sus modelos comerciales originales. Sin embargo, tuvieron la capacidad de perseverar, reinventarse y atrapar una sorprendente segunda ola de éxito. Si somos pacientes y astutos, nosotros también alcanzaremos esa segunda ola y experimentaremos un nivel de éxito que nunca creímos posible.

A pesar de hacer una observación inicial, es difícil diferenciar todas estas distintas olas. Pero, con el tiempo, comenzaremos a reconocer las similitudes y tendencias de la cadena de olas más exitosa. La ola perfecta está ahí fuera esperándonos. ¡Solo tenemos que seguir buscando!

La cadena de olas nunca deja de rodar hacia la orilla. De la misma manera, nuestras oportunidades de éxito son infinitas, solo que debemos elegir sabiamente nuestras olas, sin temerle al fracaso. Seremos arrojados de nuestra tabla. Fracasaremos. Pero, a menos que volvamos a subirnos a esa tabla de inmediato, nunca experimentaremos la emoción pura y el regocijo del triunfo a través de la perseverancia. El agua es perfecta. ¡Agarra tu tabla y monta la próxima ola! ¡Ve hacia el éxito y la felicidad!

Aprende de tus derrotas

Aprendes más perdiendo que ganando. ¡Una pérdida capta tu atención y te motiva a salir de donde estás para dirigirte hacia donde quieres ir!
—**Entrenador Morgan Wooten**

En el mundo del deporte, los equipos en apuros están en constante búsqueda de esa "victoria distintiva" que los ayude a retomar el camino del triunfo. Una gran victoria contra un oponente de alta calidad les permitirá a los equipos ganar la confianza que tanto necesitan y obtener lo mejor de la temporada. Y lo más importante, les ayudará a borrar el aguijón que les dejaron las pérdidas anteriores.

De la misma manera, no hay nada más dulce que saborear una victoria especial en nuestra propia vida. Quizás, un negocio gigante que habíamos estado persiguiendo obstinadamente al fin ocurre. A lo mejor, contratamos un recurso clave que nos ayudará a catapultar nuestro negocio a nuevos niveles. También podría ser que algún niño por fin se abre camino y logra una meta con la que estuvo luchando durante años. Todas estas victorias son motivo de celebración y es crucial reconocer y apreciar estos momentos de triunfo.

Si bien las victorias son fantásticas, algunos de los mejores equipos de la Historia cambiaron los resultados de sus temporadas después de una *derrota* y no de una victoria. La derrota hace que los grandes equipos se concentren, reevalúen sus prioridades y regresen al campo más fuertes y hambrientos de éxito.

Pero, cuando muchos de nosotros experimentamos una pérdida en nuestro negocio o en nuestra vida personal, nuestro mecanismo de defensa natural se activa para borrar los recuerdos dolorosos. Después de un período difícil, queremos seguir adelante lo más rápido posible. En muchos sentidos, esta es una respuesta saludable y es mucho mejor que quedarse en el suelo y rendirse por completo. Sin embargo, hay veces en que aprenderemos más de una derrota que de una victoria.

Antes de continuar, es importante analizar las razones de nuestro fracaso.

¿Por qué perdimos esa gran venta y qué podríamos haber hecho mejor? ¿Por qué nuestros gastos superan nuestros ingresos y cómo podemos corregir eso? ¿Por qué nuestra relación se quedó en el camino y cómo podríamos haber manejado nuestras interacciones de manera diferente? ¿Por qué nos fue mal en el examen y cómo podemos estudiar de manera más eficaz para obtener resultados mejores en el futuro?

Antes de enfrentar y conquistar nuevos desafíos, debemos entender antes que nada por qué fallamos. Este momento de honestidad e introspección no siempre es fácil de afrontar, pero es una de las claves para llevar una vida resiliente. Un revés significativo puede ser devastador y agotar nuestra confianza y todo nuestro entusiasmo. Pero, si nos mantenemos resistentes y permanecemos abiertos al cambio, un gran fracaso bien podría convertirse en el catalizador que necesitamos para cambiar nuestra vida.

Algunos de los emprendedores de negocios más exitosos del mundo fracasaron varias veces antes de conseguir ser ricos. Las dos primeras compañías automotrices de Henry Ford se fueron a pique y lo dejaron casi sin un centavo, pero resultó que Ford Motor Company superó su crisis. La primera empresa de Bill Gates, Traf-O-Data, fracasó poco después de que él abandonara Harvard, pero Microsoft había llegado para quedarse. Y, por último, pero no menos importante, el coronel Sanders fue rechazado por más de 1.000 restaurantes antes de lograr dar a conocer el pollo más *delicioso* del mundo. La perseverancia fue solo una parte de sus historias. Estos tres titanes de los negocios estadounidenses analizaron sus fracasos, modificaron sus ideas originales y regresaron al campo de juego más fuertes que nunca. Un fracaso (¡o más de uno!) era lo que ellos necesitaban para terminar siendo grandes triunfadores.

Y así es con todos nosotros. Los fracasos y las pérdidas son una parte inevitable de la vida. La capacidad de aprender de estas experiencias y seguir adelante define nuestro carácter y le da forma a nuestro destino. De igual modo, la disciplina y el valor necesarios para procesar esas pérdidas nos hacen más hambrientos de éxito.

No será fácil. Tenemos que hacer acopio de fuerzas para aprender de nuestros fracasos y reunir la fortaleza intestinal que se requiere para volver a intentarlo cada vez con más fuerza que nunca. Todos tenemos la capacidad de hacerlo. ¡Enfrentar ese fracaso que nos dejó en el suelo podría ser la mayor victoria de nuestras vidas!

El momento perfecto para la imperfección

Al interior de cada obstáculo hay una oportunidad para mejorar nuestra condición.
—Ryan Holiday

Durante mucho tiempo, contemplé la posibilidad de agregar un video en mi blog semanal, "The Resilient Worker". Me parecía que esa era una extensión lógica de la marca y una gran manera de construir una conexión más personal con mi audiencia.

Busqué el equipo más efectivo. Esbocé algunas escenas. Observé cómo otros profesionales usaban este nuevo medio. ¡Y cuanto más lo estudiaba, más me preocupaba!

Después de mucho examen de conciencia y de debates internos, decidí que todavía no era el momento perfecto para ensayar con eso. La calidad y consistencia del blog eran fáciles de controlar. El uso de videos prometía nuevas posibilidades, pero también presentaba nuevas complicaciones. ¿Qué pasaría si un video salía borroso? ¿Qué pasaría si yo no lograba dominar esa tecnología? ¿Si me veía ridículo? El momento, simplemente, no me parecía el mejor. Yo quería que todo fuera perfecto.

Pero, después de una conversación con mi cuñada, me di cuenta de que no existe el momento perfecto. ¡Podría terminar esperando para siempre! *¡Carpe Diem!* Entonces, decidí preparar algunas palabras, agarré el iPhone antiguo y transmití mi primer mensaje en Instagram.

Y, efectivamente, fue un desastre.

Lo que pensé que era el botón de "encendido" era en realidad el botón de "apagado". Y viceversa. Mi video consistía en la imagen de mí mismo, mirando a la cámara con una mirada tonta en mi rostro. Seguido de un corte, había otro plano también sobre mí, solo que luciendo aún más despistado. Y no sé cómo, pero fue transmitido así a mi audiencia. *¡Torpe!*

Si bien mis hijos se rieron ENORMEMENTE a mi costa, el video no mejoró mi marca. Fue, por decir lo menos, increíblemente imperfecto. Y, sin embargo, ese fue un comienzo. Generó impulso. Además, me dio la oportunidad de mejorar. Lo que es más importante, *aumentó* mi convicción y dedicación para incursionar en una nueva área. Al final, esta imperfección fue lo MEJOR que me pudo haber pasado, porque me llevó a dar un paso adelante.

Aquel fue el momento perfecto para la imperfección. Y esa es una buena perspectiva que es saludable adoptar tanto en nuestro trabajo como en nuestra vida personal.

En nuestra vida laboral, es fácil sentarse y esperar el momento *perfecto* para actuar. Pero puede ser que ese momento nunca llegue. Los gerentes no siempre pueden darse el lujo de esperar al candidato "perfecto" para el trabajo. Los empresarios no siempre pueden esperar las condiciones comerciales "perfectas". Los vendedores no siempre pueden esperar el trato "perfecto". A veces, esperar a que todo sea "perfecto" sofocará nuestro impulso. Porque "perfecto" es esquivo.

Los candidatos a puestos de trabajo pueden desaparecer rápidamente. Las condiciones comerciales pueden cambiar también muy rápidamente. Los términos de los acuerdos están en constante cambio. Esperar el momento perfecto para un negocio suele conducir a la parálisis. Claro, construir el avión mientras volamos no es lo ideal, pero es mejor que pasar toda nuestra vida en tierra. ¡A veces, solo tenemos que sumergirnos entre el agua con ambos pies y tener un poco de fe!

Pasa lo mismo en nuestra vida personal. No existe un momento "perfecto" para invitar a salir a alguien, ni para comenzar a formar una familia. No existe un momento "perfecto" para empezar a hacer ejercicio. No lograremos escribir el artículo "perfecto" sin antes escribir muchos deficientes. No mejoraremos en ningún deporte o habilidad a menos que realmente demos el primer paso y *hagamos* algo. Puede que no seamos perfectos desde el principio, pero necesitamos *comenzar* el viaje.

Empezar es el paso más importante. No tiene que resultar siendo una gran cosa. El resultado inicial hasta podría causarnos vergüenza y ridículo. Pero tenemos que sentirnos cómodos con la incomodidad. Sacudirnos el estancamiento y *hacer* algo nuevo nos pondrá en el camino hacia el éxito. Incluso si nuestro primer paso es un fracaso.

No estoy sugiriendo que nos conformemos. Tampoco estoy sugiriendo que aceptemos la mediocridad y aprendamos a vivir con el fracaso. Si bien la acción es importante, no siempre es bueno actuar sin preparación y precaución. No deberíamos sumergirnos ciegamente en ninguna causa sin tener una comprensión básica del resultado que buscamos obtener.

Sin embargo, tampoco podemos quedarnos ejecutando modelos de prueba para siempre. No podemos *planificar* para siempre. No podemos *pensar* en nuestros sueños para siempre. El análisis en ausencia de acción termina en parálisis. En algún momento, tenemos que dar ese primer paso hacia adelante. Incluso si ese primer paso es la esencia de la imperfección.

Todos tenemos talentos especiales. Todos tenemos alguna vocación en incluso varias vocaciones. Todos tenemos metas y sueños en nuestra vida personal y profesional. Pero esos sueños no solo deben quedarse acechando *dentro* de nosotros. Tenemos que *tomar medidas* para lograr cualquier nivel de éxito o realización. Y también tenemos que aceptar el hecho de que los primeros pasos pueden venir con dolor y angustia.

La resiliencia comienza y termina con la acción. No podemos retirarnos a nuestro caparazón a la primera señal de adversidad.

Tenemos que mantener la fe. La imperfección no es enemiga del éxito. La *inacción* sí lo es.

No lograremos mejorar a menos que actuemos. Entonces, ¿por qué esperar otro día? Ahora es el momento perfecto.

En algún momento, todos necesitamos nuestro osito de felpa

Curar a veces, tratar a menudo, consolar siempre.
—Hipócrates

La mayoría de nosotros teníamos una mantica especial, un animal de peluche o una almohada que acariciábamos en nuestra cuna y que mimábamos durante los primeros años de nuestra infancia. (¡Algunos duraron más que otros!). Vienen en diferentes formas y tamaños y tienen diferentes nombres. Para mis hijos, fueron, en su orden, *Froggy, Bunny, Taggy* y *Puppy*. Yo tenía un primo que llevaba consigo y a todas partes su osito de peluche. Lo llamó *Ghee-Ghee*. Siempre andaba con él, hasta llegar a la universidad. ¡No lo juzgo!

Independientemente de los nombres, todos ellos tenían un propósito básico en nuestra vida: consuelo. Cuando estábamos cansados, frustrados, furiosos, solos, aburridos, asustados o tristes, nuestro *"Ghee-Ghee"* nos ayudaba a superar los momentos difíciles. Parecía que nunca podríamos seguir sin él.

Pero, en algún momento, todos superamos nuestra dependencia de esta comodidad. En algún momento, tuvimos que valernos por nosotros mismos y conquistar el mundo sin nuestra muleta. Esto es saludable, muestra crecimiento y es una parte natural del proceso de maduración. Pero no importa cuán viejos y resueltos seamos, ¡todavía hay momentos en los que necesitamos el reconfortante alivio de nuestro *Ghee-Ghee!*

Profesionalmente, todos pasamos por algún estancamiento o por una racha de bajo rendimiento que nos hace cuestionar nuestras habilidades. Perdemos la confianza y pensamos que nuestro mejor trabajo ha quedado atrás. Tal vez, hemos perdido un caso. Quizás, hemos perdido un cliente o una venta. Quizá, ya no podamos conectarnos tan bien como antes con nuestros estudiantes o nuestros jugadores. Entonces, ¿qué o cómo hacer para recoger nuestros pedazos y seguir adelante? La mejor manera de avanzar y mantener la resiliencia es prestándole atención a la única área en la que estamos naturalmente dotados. La única área donde el éxito es fácil para nosotros. ¡En la que nos sentimos como si estuviéramos con nuestro *Ghee-Ghee*!

Si eres un aprendiz visual, enfócate en diseñar gráficas que te ayuden a estudiar mejor para el próximo examen. Si eres abogado y te sientes más cómodo haciendo investigación que durante el juicio en la corte, concéntrate en construir tu próximo caso en la biblioteca. Si tienes talento social y eres experto en construir relaciones, programa un almuerzo o una función social con un nuevo cliente. Si enseñas o entrenas, tal vez, encontrar métodos innovadores para impactar las vidas de tus estudiantes o jugadores siempre ha sido algo natural en ti. Concéntrate en tu próxima innovación y recupera tu mojo (impulso). La única forma de recuperarte de los momentos difíciles es a través de la acción. Todos necesitamos identificar y usar a nuestro favor esa habilidad innata que nos pondrá en movimiento y en la dirección correcta.

En nuestra vida personal, hay momentos en los que necesitamos un consuelo similar. Un corazón roto. Un sueño roto. Desilusión con un ideal que añorábamos cumplir. ¿Qué nos ayudará a sentirnos mejor y a seguir adelante? Tal vez, divisar una puesta de sol. Hacer una larga caminata. Poner los pies en el mar o, simplemente, teniendo una charla con mamá. Sea lo que sea, hagámoslo fácil. Cuando avanzar parece imposible, necesitamos encontrar nuestra mantica que nos da seguridad y sincronizarnos con nuestro *Ghee-Ghee* interior. Pero no podemos concentrarnos únicamente en este talento especial o en esta manta de seguridad para que estos nos brinden comodidad por el resto de nuestra vida. Existe el peligro de sentirnos demasiado cómodos en nuestra zona de confort. En algún momento, necesitaremos seguir adelante y probar cosas que nos hagan sentir *incómodos*. De hecho, el éxito suele provenir de desarrollar habilidades en algún área que no nos fluye de manera natural.

Pero en tiempos de crisis, necesitamos "desatascarnos". En tiempos de crisis, necesitamos entrar en acción. Si encontrar comodidad nos ayuda a dar ese primer paso adelante, ¡a por ello! Si encontrar consuelo nos ayuda a restaurar nuestra confianza, ¡hagamos que suceda!

Realmente, nunca superamos nuestra necesidad de seguridad, comodidad y tranquilidad ocasionales. Pueda que nuestro *Ghee-Ghee* preferido cambie. La gente cambia. Los métodos cambian. El hecho es que, en algún momento de nuestra vida, todos necesitamos volver a ese lugar que nos brinda calidez. No tengas miedo de buscar ese lugar en tiempos de desesperación. Mientras no sea física o emocionalmente perjudicial, esta manta de seguridad te ayudará a mantener tu capacidad de resiliencia.

Sin embargo, es un hecho que no podemos pasar nuestra vida en ese lugar. Una vez que hayamos restablecido nuestro equilibrio, debemos salir a buscar nuestra próxima gran aventura. ¡Debemos salir y conquistar nuestro próximo gran desafío! Y si volvemos a tropezar, no hay de qué preocuparnos.

¡Nuestro *Ghee-Ghee* siempre estará ahí para nosotros!

¡Enfrenta tus monstruos!

*Tener valor es tener la voluntad de actuar
a pesar del miedo.*
—**Michael Hyatt**

¿Hay algo mejor que unas vacaciones familiares en la playa? Sol. Arena. Navegar. Jugar *spikeball*. *Esas son horas de felicidad sin fin.* Todos nuestros problemas menores parecen desaparecer en medio del aire salino y del inconfundible olor de las lociones bronceadoras.

Cuando mi hija menor, Cassidy, tenía siete años, nuestro viaje a la playa implicó enfrentar a un *monstruo*.

Cassidy quería con todas sus fuerzas usar la tabla de boogie, pero no lograba pasar ni siquiera la primera ráfaga de olas, que son las más pequeñas. Corría entre las olas poco profundas, pero luego giraba abruptamente y se devolvía a toda prisa hacia la seguridad de la orilla, justo antes de que las pequeñas olas rompieran.

Cada vez que ella huía de las olas, estas volvían más amenazantes en su mente. Así las cosas, en cuestión de un rato, huir se le convirtió en un hábito. A pesar de lo obstinada y concentrada que estaba en lograr su objetivo, ahora estaba permitiendo que el monstruo del océano le desbaratara sus planes y aplastara su objetivo.

Después de algunas horas de lucha, y de recibir todo nuestro *ánimo familiar*, Cassidy *por fin* cambió de mentalidad. Se dio cuenta de que, en lugar de huir, atacar las olas era la mejor manera de superar sus miedos. Una vez se enfrentó a ellas, ya no le parecían tan aterradoras.

Así, se abrió a un mundo completamente nuevo de diversión y emoción del que nunca pensó disfrutar. *¡Ahora, nadie la para!*

Todos nos enfrentamos a monstruos similares en nuestro trabajo y en nuestra vida personal. Cuanto antes los enfrentemos, más pronto cumpliremos todas nuestras metas y sueños.

En nuestra vida laboral, experimentamos miedos e inseguridades que necesitamos superar. Podemos tratar de ignorarlos o crear mecanismos para afrontarlos y minimizar su impacto. Pero nunca alcanzaremos nuestro verdadero potencial hasta que los enfrentemos. Cuanto más huyamos de ellos, más aterradores se volverán en nuestra mente. El temor de tratar con un cliente complicado. Tener que tomar una decisión difícil con respecto al personal o a un jugador que está perjudicando al equipo. Dar el primer paso en la redacción de un plan de negocios. Comenzar a escribir una novela. Solicitar ese ascenso que creemos merecer. Hacer llamadas en frío que nos ayuden a hacer crecer el negocio. Todo esto implica mirar fijamente al monstruo y enfrentarlo.

Sobre ese último punto, en una ocasión, uno de mis antiguos jefes, Pete Briskman, me dio un sencillo consejo que me ayudaría a superar mis propios miedos:

"Si tienes miedo de hacer llamadas en frío, te tengo la solución perfecta. ¡Haz llamadas en frío!".

Me tomó un tiempo procesarlo, pero es muy cierto. ¡La única forma de superar nuestros miedos es sumergirnos en la ola y comenzar a chapalear!

Podemos decirnos a nosotros mismos que lo haremos mañana. Podemos autoconvencernos de que viviremos sin eso. Podemos fingir que no necesitamos hacerlo. Pero, en el fondo, sabemos que esas son mentiras sutiles que nos estamos diciendo a nosotros mismos. Y cuanto más tratamos de encerrar a nuestros monstruos en el armario, más ruidosos y horribles se vuelven.

Cuanto más esperemos para hacer ejercicio, más difícil será dar el primer paso hacia una mejor salud. Cuanto más esperemos para reparar una relación familiar tensa, mayor será la posibilidad de que perdamos el contacto por completo. Cuanto más esperemos para abordar nuestra situación financiera, más profundo se volverá el agujero.

Nuestros monstruos solo se volverán más poderosos si continuamos ignorándolos. Nuestros desafíos más difíciles no desaparecerán tan fácil, ni de un momento a otro. En cambio, sí nos están frenando más de lo que nos imaginamos.

¡Por eso es que tenemos que actuar *hoy*! Es hora de correr hacia las olas y zambullirnos.

Pero, ¿qué sucede cuando nos sumergimos y las olas nos lanzan como si fuéramos un muñeco de trapo? ¿Qué sucede cuando nuestros monstruos nos muerden?

Nuestro cliente nos destroza. Pedimos ese ascenso laboral que tanto anhelamos y no nos lo dan. Hacemos llamadas en frío y nos rechazan. Tratamos de reparar una relación y descubrimos un resentimiento profundamente arraigado en la otra persona. Intentamos ahorrar dinero, pero el agujero financiero se vuelve cada vez más profundo.

Todo eso está bien. Si fracasamos a medida que enfrentamos con valentía nuestros miedos, a la larga, nunca perderemos. ¡Incluso si el monstruo gana la *batalla* inicial, ahora ya vemos que esta es una *guerra* que sí podemos ganar! Al enfrentar a nuestros monstruos, nuestro coraje nos ayudará a disminuir nuestros miedos más profundos.

El coraje es un músculo. Cuanto más lo ejercitamos, más que todo, ante la adversidad, más fuertes nos volvemos. E incluso si no salimos victoriosos, nuestro coraje nos ayudará a ver que ese monstruo no daba tanto miedo ya ha dejado de asustarnos. Ahora, sabemos que *en algún momento* lo derrotaremos.

No vamos a ganar todas las batallas. Nunca vamos a quedar invictos. Pero, si demostramos el *coraje* para enfrentar nuestros desafíos, al final, venceremos.

En cambio, si escapamos, las pequeñas olas se convierten en tsunamis. Si elegimos ignorarlos, nuestros puntos ciegos y los miedos que sentimos erosionarán poco a poco nuestros sueños. En otras palabras, nuestros monstruos solo se vuelven más poderosos si tratamos de encerrarlos.

No va a ser fácil. Tendrás que trabajar duro y parejo. Necesitarás poner en práctica una disciplina férrea. Pero, sobre todo, necesitarás echar mano de un *coraje poco común* para enfrentar tus miedos y lograr éxito y felicidad.

Enfrenta tus monstruos. Sumérgete en la próxima ola. ¡Observa cómo todos tus sueños se hacen realidad!

No siempre puedes jugar por el campo medio

No creo en correr riesgos tontos, pero nada que valga la pena se puede lograr sin correr algún riesgo.
—Charles Lindbergh

Existen un momento y un lugar para ir a la fija en la vida. No siempre tiene sentido tomar un camino arriesgado en los negocios y poner en peligro la seguridad de nuestra familia. A veces, es difícil tomar una postura políticamente impopular si esta significa arriesgar nuestro bienestar laboral. Hay momentos en que necesitamos ser diplomáticos y controlar nuestras verdaderas emociones por el bien de la empresa o para evitar la preocupación y el sufrimiento de quienes conforman nuestro círculo íntimo. Jugar por el medio del campo es el plan perfecto para el golf. A veces, ese también es un movimiento necesario y prudente en nuestra vida adulta. *Algunas veces.*

Pero, si queremos una vida resiliente, no podemos convertir en un hábito el hecho de jugar por el medio. Hay momentos en los que debemos tirar toda precaución al viento y creer firmemente en nuestras propias habilidades.

Quizá, no tenga sentido financiero inmediato comenzar nuestro propio negocio. Pero, si tenemos la idea correcta y una pasión ardiente por expandirnos, debemos correr ese riesgo. Como gerente, a lo mejor sea seguro contratar a ese aspirante cuyas credenciales se ven muy convenientes para nosotros en su hoja de vida. Pero hay momentos en que debemos arriesgarnos y elegir a ese candidato que nos da la impresión de ser el más adecuado. Por lo general, al contratar a un proveedor, es más seguro negociar con la empresa más grande y con el historial más reconocido por su magnífico servicio al cliente. Sin embargo, hay empresas más luchadoras, con enormes ventajas y con el potencial para hacer crecer más nuestro negocio, siempre y cuando estemos dispuestos a correr riesgos y a hacer cambios.

En nuestra vida personal, se presentan circunstancias en las que a lo mejor tenemos que defender a alguien que no goza de mucha popularidad, ni de aceptación o que es un blanco fácil de críticas. También es posible que corramos el riesgo de perder capital social por hacer esa defensa, pero, si nos parece justo interceder a favor de esta persona, ¿por qué permanecer en silencio? Con todas esas razones que nos parecen justas y con las cuales estamos seguros de que nos llevarán a tener la razón, bien podemos exponer un contraargumento y arriesgarlo todo a favor de una buena causa. Entonces, ¿qué se supone que debemos hacer?

Esta es una pregunta difícil y con matices, y nadie nos dará una respuesta definitiva. Pero, en general, todo se reduce a matemáticas simples. Sabemos que, si tomamos muchos riesgos, estamos condenados a fallar en algún momento. Tomar riesgos ha sido una actitud idealizada a lo largo de la Historia como la máxima expresión de rebeldía y el camino seguro hacia el éxito. Pero arriesgarnos es, bueno, *temerario*, y bien podría tener graves consecuencias, causándonos un fracaso doloroso y traumático que nunca es sabio trivializar.

Sin embargo, con la actitud correcta, superaremos este tipo de contratiempos y nos prepararemos para llevar a cabo nuestro próximo gran plan. Si seguimos avanzando, seguiremos aprendiendo de nuestros errores y aumentaremos en gran medida nuestras posibilidades de éxito en el futuro, que estarán a nuestro favor.

Por el contrario, si *nunca* tomamos riesgos bien sea en nuestra vida laboral o personal, nos ahorraremos el dolor punzante de la derrota o el fracaso, pero nunca experimentaremos la alegría *desenfrenada* de conquistar nuestros miedos y de esforzarnos para lograr un éxito increíble.

Jugar por el medio del campo *todo el tiempo* nos asegura una vida en algún lugar del purgatorio. Sin gran dolor, *pero sin gran alegría*. Sin dificultades financieras, *pero sin beneficios financieros a largo plazo*. Sin un corazón roto y sin tener que sufrir de manera insoportable, *pero sin experimentar lo que es un amor apasionado*. Lo más probable es que jugar por el medio todo el tiempo nos conduzca hacia una vida insatisfecha, destinada a la mediocridad. Esa es una matemática que, simplemente, no funciona.

Una última cosa sobre el riesgo. No estoy sugiriendo que tomemos riesgos tontos en la búsqueda infructuosa de nuestra próxima descarga de adrenalina. Si bien yo era un gran admirador de Evel Knievel cuando era niño, no me estoy refiriendo a realizar acrobacias físicas extravagantes, ni a participar en comportamientos sociales arriesgados y destructivos. A lo que me refiero es a tomar riesgos diseñados para mejorar nuestra calidad de vida y nuestra autoestima. Nuestros riesgos deben estar calculados en función de nuestras percepciones según sea el momento. ¡Tenemos que confiar en nuestros instintos! ¡Necesitamos escuchar aquella pequeña voz dentro de nuestra cabeza que quiere que tengamos éxito! ¡Tenemos que dejar que la pasión sea nuestra guía!

Sabemos que no será fácil. Sabemos que habrá luchas. Pero también sabemos que nunca alcanzaremos la grandeza jugando siempre la vida por el campo medio.

El gato grande siempre llega tarde

Un mar en calma nunca hizo hábil a un marinero.
—**Proverbio inglés**

Existe un dicho en el póquer (al menos, en mi grupo de póquer) que tiene un significado especial cuando se habla de la resiliencia diaria: "El gato grande siempre llega tarde".

¿Qué significa esto exactamente?

Habrá momentos al comienzo de las noches de póquer en los que la fortuna no nos sonreirá. A pesar de tener una gran estrategia y unas buenas cartas, es posible que no ganemos ni una sola mano. Entonces, nuestra frustración aumenta a medida que nuestras cartas se agotan. ¡Pero no debemos perder el optimismo! ¡No debemos perder nuestro enfoque! No es cuestión de cómo empezamos; se trata de cómo terminamos. Inevitablemente, los perdedores de la primera ronda que tienen los medios para perseverar terminan como grandes ganadores al final de la noche. La noche es una maratón, no una carrera de velocidad, así que esas pérdidas tempranas solo fortalecen nuestra determinación a medida que avanza el juego.

Por el contrario, acumular ganancias tempranas puede quitarnos nuestra ventaja. Acumulamos victorias que nos hacen pensar que la racha va a durar para siempre. A menudo, los primeros ganadores terminan perdiendo al final y se van a casa decepcionados y desilusionados. De modo que, si queremos permanecer en la cima, tenemos que mantener nuestra determinación. Todo el mundo quiere intentar derribar al ganador inicial. Si las ganancias nos llegan con demasiada facilidad, nuestra pila de fichas se vuelve más difícil de defender. Cualquiera puede tener éxito temprano. ¡Pero solo el gato grande llega tarde!

Sucede lo mismo en nuestra vida profesional. El comienzo de nuestra vida laboral suele ser una lucha. Quizá, seamos demasiado jóvenes y por esa razón no nos toman en serio, ya que podríamos cometer errores cruciales, debido a nuestra falta de experiencia. Algunas de nuestras primeras empresas comerciales podrían fracasar por completo. Pero necesitamos mantener nuestro entusiasmo y enfoque durante estos tiempos difíciles. Habrá contratiempos. Habrá angustias. Pero, mientras avancemos, lograremos resolver los problemas que se nos vayan presentando y aprenderemos de nuestros errores. Si nos mantenemos positivos, lograremos resistir esas primeras derrotas y descubrir nuestro verdadero potencial.

No importa dónde estemos en el espectro de la vida, siempre habrá una oportunidad para realizar nuestros sueños. La única forma en que perderemos es si retiramos nuestras cartas y nos vamos a casa; si creemos que nuestros mejores días han quedado atrás. Mientras nos mantengamos positivos y hagamos nuestro mejor esfuerzo, veremos crecer nuestra pila de fichas y nuestras victorias se irán acumulando una detrás de otra. Todas esas pérdidas iniciales nos permitirán apreciar aún más nuestras victorias. Nuestra resiliencia y la capacidad para avanzar frente a la derrota definirán nuestra vida. Nada podrá detenernos. ¡El gato grande *llegará* tarde!

No quiere decir que haya algo intrínsecamente malo si tenemos éxito desde el comienzo. Algunas personas viven una vida encantadora. Comienzan fuertes y terminan fuertes en los negocios y en la vida. Hay momentos en que el gato grande llega temprano *Y* también tarde. Dios bendiga a estas personas y les deseo que, si esas son sus circunstancias, sigan siendo felices.

Por supuesto, el fracaso no es un requisito previo para el éxito. Pero es más difícil apreciar nuestras victorias si lo único que hemos conocido es el éxito. Es más difícil mantener nuestra resiliencia si nunca nos hemos enfrentado a la adversidad. Nadie se propone fracasar. Nadie quiere sufrir desgracias o angustias. Nadie busca enfrentar obstáculos en su vida. Sin embargo, nuestras pérdidas tempranas juegan un papel muy importante en la formación de nuestro carácter. Nuestra adversidad temprana nos proporciona la determinación para impulsarnos de nuevo hacia la cima. Una vez que lleguemos allí, esas primeras derrotas nos darán la confianza para *seguir* ahí. ¡Y qué dulce viaje será ese!

No todo será fácil. Sobre todo, al principio. Pero todo se trata de cómo terminamos. Un estudiante puede tener dificultades al principio de la escuela primaria solo para emerger como un erudito en la universidad. Puede que un deportista tenga problemas con la coordinación y la confianza en su niñez, solo para convertirse en un jugador estrella en la escuela secundaria o en la universidad. A lo mejor, un emprendedor deba soportar varios negocios fallidos antes de fundar el próximo gigante de *Fortune 500*.

Quizá, seamos tardíos y todavía no hayamos encontrado nuestra verdadera vocación. Quizá, simplemente, no hemos encontrado la oportunidad adecuada. Somos demasiado inteligentes y demasiado talentosos para fracasar a largo plazo.

Por eso, ¡mantente resistente! ¡Mantente positivo! ¡Mantente motivado! Es posible que tropieces al principio del viaje, pero sigue avanzando hacia el encuentro de oportunidades futuras. Tú eres un gato grande. ¡Y los gatos grandes llegan tarde!

El libre albedrío y la libertad de elección

El destino es la mano de cartas que nos han repartido.
La elección es cómo jugamos la mano.
—Marshall Goldsmith

Una de las mayores bendiciones de nuestra vida es el libre albedrío. Piénsalo. Nos despertamos por la mañana y tenemos la libertad de hacer lo que queramos ese día. Bueno, si pensamos en las principales responsabilidades que tenemos en la vida, puede que no siempre sintamos esa libertad, pero es verdad. A diario, no hay nadie que nos diga qué hacer, ni ningún guion que debamos seguir. Cada día es nuestro lienzo en blanco y tenemos la opción de aplicarle tanta o tan poca pintura como queramos. Este día, esta semana, este mes, este año y esta vida es lo que hagamos de ellos.

Tenemos la opción de levantarnos temprano, hacer ejercicio, comenzar el día y disfrutar así de nuestra vida. También podemos dormir y jugar videojuegos todo el día. No importa qué elecciones hagamos, ¡todas y cada una son nuestras y tenemos que apropiarnos de ellas!

Entonces, como verás, sí tenemos libre albedrío. Lo único es que debemos reconocer que nuestras elecciones también tienen consecuencias. Por fortuna, la mayoría de nosotros tenemos un mecanismo de control incorporado que tiene en cuenta nuestras responsabilidades. ¿Qué pasaría si dejamos de hacer nuestro trabajo y nos vamos a la playa? Podríamos perder los ingresos que tanto necesitamos. ¿Y si salimos de clase y nos vamos directo al centro comercial? Nuestras calificaciones podrían bajar como resultado de nuestra falta de dedicación al estudio. ¿Y si nos inscribimos en un *spa* en lugar de pagar nuestras cuentas? Pronto podríamos estar operando en números rojos.

Nuestro libre albedrío es una bendición, pero, si abusamos de él, los resultados serán potencialmente destructivos. ¿Qué nos ayuda a mantenernos en el camino indicado? Una fuerte ética de trabajo. Una sólida base moral. Una familia solidaria o amigos cercanos que compartan nuestros mismos valores. El libre albedrío sin control alguno suele ser dañino. En cambio, estar enfocados bajo influencias positivas y con intenciones igualmente positivas es, sin lugar a dudas, increíblemente poderoso. Si utilizamos nuestro libre albedrío de manera positiva, seremos capaces de lograr cualquier cosa.

¿Quieres iniciar tu propia empresa? Nadie te detiene. ¿Quieres tocar el piano? Encuentra el tiempo para hacerlo. ¿Quieres escribir una historia? Comienza con la primera oración. Con la actitud y el estímulo correctos, el éxito se convierte en una elección. Nuestro potencial es ilimitado, así que nunca subestimes el poder del libre albedrío.

Pero, ¿qué tiene que ver el libre albedrío con la adversidad y la resiliencia cotidiana? Cuando sufrimos un contratiempo o cometemos un gran error en nuestra vida, no existe un libro de jugadas por hacer para remediar el problema, de modo que los errores suelen ser dolorosos y hay veces que hasta nos llevan a pensar que nunca tendremos éxito. Entonces, podemos optar por retirarnos a un caparazón y sentir lástima por nosotros mismos. También podemos optar por culpar a otros de nuestros propios problemas o ir a la fija y negarnos a correr más riesgos. Sin embargo, la mejor de todas las decisiones es la de *elegir* ser resilientes.

Se necesita una determinación increíble para lanzar nuestra próxima empresa comercial después de un fracaso. Se necesita un coraje enorme para perdonarnos a nosotros mismos y pasar la página después de cometer un gran error. Se necesita un esfuerzo monumental para seguir esforzándonos al máximo frente a una derrota segura. La resiliencia no es fácil de implementar, pero es una elección que genera grandes ventajas, si es que logramos reunir las agallas para seguir adelante.

Sin lugar a duda, nos levantaremos más fuertes de lo que éramos antes de sufrir el revés que nos tiró a la lona. Apreciaremos cosas que seguro habremos dado por sentadas. Es decir, la próxima vez que experimentemos una situación difícil estaremos más hambrientos de éxito y felicidad. La cuestión es que nadie puede ser resiliente por nosotros. Somos nosotros mismos quienes debemos tomar esa *decisión* por nuestra propia cuenta.

Nada está predeterminado en nuestra vida. Nuestras decisiones y nuestra actitud determinarán si ese contratiempo fue un bache en el radar o un presagio de la fatalidad que nos sobrevendrá. Es por eso que necesitamos aprovechar al máximo el don del libre albedrío que Dios nos ha dado. Las decisiones que tomemos después de un contratiempo nos encaminarán bien sea hacia el éxito o al fracaso. La pregunta es: ¿queremos rendirnos o queremos seguir adelante más fuertes que nunca? ¡La elección es nuestra!

A veces, alejarse es la mejor opción

Para ser un ganador, es fundamental que tengas la capacidad de alejarte de aquello que no funciona.
—Tim Ferriss

¡Afrontémoslo! La vida no está diseñada para los débiles. Con frecuencia, nuestros mayores logros surgen de la lucha y la perseverancia. Hay muchas veces en que necesitamos arraigarnos, mantener una actitud positiva y seguir adelante, avanzando hacia la meta. Si somos capaces de superar los malos momentos sin darnos por vencidos, lo más seguro es que tendremos un aprecio aún mayor por todos y cada uno de nuestros logros. Es precisamente la adversidad la que forma nuestro carácter y nos da la fuerza para valorar nuestra vida y transmitirles a las próximas generaciones todas esas lecciones que hemos aprendido con tanto esfuerzo. Pero todo el mundo tiene un punto de quiebre. Entonces, ¿cómo decidir cuándo es suficiente?

En nuestra vida laboral, necesitamos realizar tareas abrumadoras, así que tenemos que tener la capacidad de afrontar momentos difíciles de duda e incertidumbre. Por ejemplo, una fusión estratégica que nos deja con demasiadas responsabilidades laborales; un nuevo jefe que no valora nuestra experiencia; la pérdida de un cliente importante o un descuento demasiado difícil de hacer; una caída masiva en las acciones de la Bolsa. Todo esto puede hacernos retroceder y provocar una pérdida de autoconfianza y convicción. Es ahí cuando nuestra capacidad para recuperarnos está impulsada tanto por nuestra fortaleza de carácter como por nuestra capacidad de resiliencia. Dicho de otro modo, ¡la mayor parte del tiempo, seremos un ave fénix resurgiendo de las cenizas!

Sin embargo, hay momentos difíciles que trascienden a la resiliencia. ¿Qué sucede cuando se nos pide que hagamos algo que entra en conflicto con nuestras creencias o nuestra ética? ¿Qué hacer cuando nuestros problemas en el trabajo se filtran en nuestra vida familiar y personal? ¿Qué decisión tomar cuando nuestra salud comienza a verse disminuida por el estrés y la ansiedad que nos genera nuestro lugar de trabajo? Así como es importante perseverar y superar la adversidad, es aún más importante cuidar nuestra salud, a nuestra familia y mantenernos fieles a nuestra brújula moral. A veces, tenemos que decir basta y marcharnos.

En nuestra vida personal, la resiliencia cotidiana es crucial. Es posible que nos eliminen de un equipo deportivo; suframos un revés en una relación; experimentemos dificultades financieras o nos sintamos fuera de lugar en nuestra escuela o en la vida social que llevamos. Una vez más, una actitud positiva y la convicción de que no estamos solos son pensamientos que alimentarán nuestra resiliencia en esos momentos difíciles. Es imperioso que luchemos contra el impulso de rendirnos y aprovechar nuestra fuerza interior y nuestra actitud positiva. ¡Somos demasiado fuertes como para quedarnos para siempre en el suelo!

Pero, ¿qué sucede cuando hacemos todo lo posible para impresionar con nuestro performance a un entrenador y él ni siquiera se da cuenta de que existimos? ¿Qué hacer cuando trabajamos lo más duro posible, pero las cuentas siguen llegando y no alcanzamos a cubrirlas? ¿Por cuál solución optar cuando seguimos tratando de diversificarnos y hacer conexiones, pero nuestro aislamiento solo se vuelve más prominente? Hay momentos en los que necesitamos respirar profundo y hacer una pausa antes de continuar por el mismo camino fatigoso. Lo más probable es que necesitemos hacer un cambio de escenario que nos ayude a mantener la resiliencia día a día.

A veces, está bien alejarnos de un empleo que no nos está llevando a ninguna parte. A veces, está bien alejarnos de una relación infructífera. A veces, está bien alejarnos de nuestro escenario social actual. A veces, está bien reducir nuestro estándar de vida hasta que pase la tormenta financiera. Nadie dijo que la vida fuera fácil. ¡Pero tampoco se supone que sea una rutina interminable! Somos demasiado valiosos para pasar nuestra vida en medio de la desesperación.

Hay personas en nuestra vida que nos necesitan. No podemos permitir que nuestra salud se resienta. No podemos permitirnos vivir tristes, amargados o centrados en nosotros mismos. Tampoco podemos revolcarnos en la autocompasión. Cuando una situación se vuelve insalubre o insoportable es trascendental que entendamos que tenemos opciones. Y a veces, la mejor opción es dejar de vivir en medio del caos y, simplemente, seguir adelante.

¿Cuál es ese punto de quiebre? La realidad es que el umbral es diferente para cada persona. Lo cierto es que siempre va *mucho más allá* de nuestra sensación inicial de incomodidad. Si nos damos por vencidos con demasiada facilidad, nunca aprenderemos a agudizar nuestro carácter, ni a apreciar nuestros logros. Si nos damos por vencidos con demasiada facilidad, jamás experimentaremos la alegría desenfrenada que proviene de mirar fijamente a nuestros demonios, enfrentarlos y vencerlos. Si nos damos por vencidos con demasiada facilidad, nunca conoceremos el poder de la resiliencia cotidiana.

Pero hay una delgada línea entre la resiliencia cotidiana y la locura. Soportando un dolor sin sentido no nos ganaremos una medallita de honor. Por lo tanto, hay momentos en que debemos decidir que ya es suficiente.

Los héroes cotidianos sabemos que hay situaciones en las cuales necesitamos más coraje para alejarnos de una situación disfuncional que seguir por ese mismo camino que no nos está llevando a alcanzar nuestro anhelo de ser felices y plenos. Y si decidimos alejarnos, es importante que lo hagamos con una sonrisa, que sigamos adelante con confianza y sin mirar hacia atrás con pesar hacia lo que ha quedado atrás.

Perfil de resiliencia cotidiana ante la adversidad: te presento a Tim Strachan

Tim "T". Strachan tenía un sueño simple, pero poderoso. Desde que tenía cinco años de edad, Tim quería jugar fútbol americano a nivel universitario. Esta no era una fantasía caprichosa. Le apasionaba lograr ese objetivo, así que se dedicó a esa causa. ¡Tenía el impulso y la capacidad atlética para hacer realidad su sueño!

Siendo el menor de cuatro hermanos, también tuvo la ventaja de emular los logros deportivos de sus hermanos mayores. De modo que, armado con esta base, "T". Strachan *dominó* como mariscal de campo durante su etapa de fútbol juvenil. Su leyenda creció. Ya en el otoño de 1990, cuando llegó el momento de iniciar sus estudios de secundaria, se enamoró de DeMatha High School y se inscribió en ella.

Convirtiendo el sueño en realidad

Si bien el fútbol era su pasión, "T". Strachan también se destacó en la cancha de baloncesto y tuvo la oportunidad de jugar para el legendario entrenador de baloncesto de DeMatha, Morgan Wootten. Fue con él que Strachan descubrió todo el potencial de su habilidad deportiva. Y, lo que es más importante, comprendió la importancia de tener una perspectiva acerca de las cosas, así como del hecho de saber valorar su situación en ese momento. El entrenador Wooten le recordó que esta era una etapa muy especial en su vida y lo animó a *disfrutarla minuto a minuto.*

Apoyado en tan saludable perspectiva, "T". Strachan se enfocó en canalizar su habilidad deportiva en bruto, mediante el fútbol. En su primer año como mariscal de campo suplente, aprendió todo lo que necesitaba saber al respecto. Ya hacia la mitad de su segunda temporada, Strachan tuvo la oportunidad de alcanzar la gloria. ¡Lideró a DeMatha hasta la final de la temporada que culminó con su participación en Washington Catholic Athletic Conference Championship (WCAC)!

La temporada junior de Strachan fue aún más impresionante. Dirigido por su mariscal de campo de 6'3", 225 libras, DeMatha superó la competencia y ganó su segundo campeonato consecutivo en WCAC. En ese momento, "T". Strachan estaba en el radar de todos los principales entrenadores de fútbol americano universitario de la Costa Este.

Así las cosas, en el verano anterior a su último año escolar, Strachan estaba viviendo su sueño. El equipo All-American de la escuela secundaria de pretemporada salió y "T". Strachan fue catalogado como uno de los cinco mejores mariscales de campo del país (junto con otro mariscal de campo *ligeramente* exitoso: ¡Peyton Manning!). Tres días después, Strachan recibió una invitación para conocer al legendario entrenador de fútbol americano de Penn State, Joe Paterno. El entrenador Paterno le ofreció una *beca completa* para jugar fútbol americano universitario en la Universidad de Penn State. Esa no sería su última oferta.

Su sueño estaba a punto de realizarse.

Un golpe trágico

Era 5 de agosto de 1993, solo unas pocas semanas antes del comienzo del campamento de fútbol de último año de "T". El día era hermoso en Bethany Beach, Delaware, y toda la familia Strachan estaba reunida en la playa. "T" estaba disfrutando de un amistoso (aunque competitivo) partido de voleibol de playa. Había sudado y necesitaba refrescarse. Así que corrió hacia el océano y se zambulló en una gran ola, justo antes de que esta se estrellara contra la playa.

De repente, todo cambió.

"T" no podía sentir sus piernas. Su familia se apresuró a entrar al agua y lo sacó. Se había fracturado la vértebra C-5 del cuello. Su situación física no se veía nada bien.

De inmediato, "T" fue trasladado a un hospital en Filadelfia, donde tuvieron que practicarle dos cirugías importantes en cuestión de 19 horas. "T" estuvo consciente e inconsciente durante los siguientes días. Al tercer día, se despertó y le preguntó a la enfermera cuándo podría volver a jugar al fútbol.

La enfermera vaciló. No quería ser ella quien le dijera que nunca volvería a caminar.

Poco después, el padre de "T" entró a la habitación del hospital. Su hijo estaba lidiando con la gravedad de la pesadilla que tenía frente a él. ¿Qué le dices a alguien que amas en un momento tan increíblemente vulnerable y delicado como ese?

"Hijo, no vas a poder hacer las cosas que solías hacer. Pero sigues siendo "T". ¡Siempre serás "T"!

Esas palabras le dieron a "T" Strachan la fuerza que él necesitaba para seguir adelante con su nueva realidad. Su sueño de jugar fútbol americano universitario se había desvanecido.

Sin embargo, él seguía siendo la misma persona que era antes del accidente. Seguía siendo "T". Siempre sería "T".

Adaptándose a una nueva realidad

La vida real no es como en las películas. Rara vez, hay un momento catártico seguido de un viaje lineal de regreso a la cima. Una tragedia es una tragedia y "T" todavía luchaba con su nueva realidad. Tuvo algunos días malos durante los siguientes tres meses en la UCI. Se sentía frustrado con su terapia física constante y también con las cirugías posteriores. No podía evitar pensar en sus compañeros de equipo cuando salieran al campo a conquistar otro campeonato.

Sus compañeros seguirían adelante sin él. El mundo no se detuvo.

Pero él contó con el apoyo incondicional de su amada familia. Recibía más de 50 visitas al día en el hospital. Tenía el respaldo de toda la comunidad. Nunca estuvo solo. Eso le dio la fuerza para seguir adelante.

Nacen nuevos sueños

Joe Paterno sostuvo su palabra de otorgarle la beca en Penn State. Pero el entrenador Duffner también había ofrecido una beca para que "T" estudiara en la Universidad de Maryland, pues necesitaba estar más cerca de su familia.

En el otoño de 1996, "T" Strachan se matriculó en la Universidad de Maryland. Fue entonces cuando recibió su primera gran oportunidad. El amigo de la familia y locutor legendario Johnny Holliday le ofreció un puesto como reportero secundario para los partidos de fútbol de la Universidad de Maryland. "T" no tenía experiencia en ese campo y aquella era una prueba de fuego. Pero, como hacía con la mayoría de las cosas en su vida, él se desempeñó con pasión y pronto comenzó a destacarse.

Hablar en público no era algo innato en "T". Sin embargo, él estaba decidido a ser el mejor y pronto se dio cuenta de que esta sería una habilidad fundamental para seguir adelante. Entonces, contactó a la Dra. Leah Waks, profesora del Departamento de Comunicación de la UMD. Esta, eventualmente, se convertiría en su especialidad. Y era una habilidad que le venía muy bien. (Pasaron 10 años y "T" fue el estudiante orador principal en la ceremonia de graduación del Departamento de Comunicaciones de la Universidad de Maryland).

Después de graduarse, un amigo y mentor, Bob Muse, convenció a "T" para que asistiera a la facultad de derecho. Una vez más, "T" se refugió en sus estudios en el Centro de Derecho de la Universidad de Georgetown y se graduó con honores. Con el tiempo, asumió el cargo de abogado del Comité Judicial del Senado. El cielo era el límite.

Pero, para que su felicidad fuera completa, durante su primer año en la facultad de derecho, Strachan se encontró con Leslie, la chica con la que había "tenido una relación estable" cuando estaban en segundo grado de primaria. No pasó mucho tiempo para reavivar el pasado. El hecho es que se casaron en el otoño de 2005.

Los sueños no tienen fin

Hoy, "T" Strachan celebra su vigésimo cuarto año como locutor de la Universidad de Maryland. También aceptó un ascenso en la Comisión Federal de Comunicaciones como director interino de Asuntos Legislativos. Él y Leslie tienen dos hermosas hijas, Sophie y Olivia.

Además, junto con sus socios Kevin Ricca y Ken Meringolo, lanzó un podcast (*1stAmendmentSports*) que transmite juegos y contenido de la escuela secundaria en vivo y tiene un enfoque híperlocal en el panorama deportivo profesional de Washington, D.C. Y entre las demandas de su floreciente carrera y su vida familiar, encuentra tiempo para dar discursos motivadores y organizar eventos de caridad.

"T" Strachan tenía el sueño de ser un jugador de fútbol americano universitario. Eso no sucedió.

Pero, ¿alguna vez soñó que podría ser un orador público tan efectivo?

¿…que pasaría 24 años como locutor?

¿…que asistiría a la facultad de derecho?

¿…que tendría un trabajo con tanta responsabilidad?

¿…que se casaría con su novia de la escuela primaria?

¿…que tendría dos preciosas hijas con ella?

¿…que su labor tendría gran impacto en su comunidad?

"T" Strachan se mantuvo resistente. **Solo uno de sus sueños terminó**, pero él siguió viviendo lleno de sueños por cumplir.

¿Qué significa esto para nosotros?

La historia de "T" Strachan nos enseña muchas lecciones. La importancia de los amigos y la familia a lo largo de nuestro viaje. La importancia de mantenernos resilientes y avanzar constantemente. El impacto del trabajo duro y de la dedicación en el cumplimiento de nuestras metas.

Pero lo más importante que "T" Strachan nos enseña es el **simple poder que hay en el hecho de perseguir un sueño**. No tenemos control de muchas cosas en nuestra vida. Siempre habrá baches en el camino y la adversidad puede golpear a nuestra puerta en cualquier momento. Pero, aun así, podemos controlar nuestras perspectivas y continuar cumpliendo sueños.

Y una vez que reunimos la pasión y las perspectivas necesarias para hacer realidad un sueño, ¡existe la posibilidad de alcanzar muchos más!

No siempre vamos a tener éxito, pero esa no debería ser una razón suficiente para impedirnos avanzar hacia nuestra meta. Si un sueño termina, busquemos otro que tome su lugar. Quizás, hasta sea mejor que nuestro sueño original.

¿Cuál es tu sueño? No tiene que tratarse de salir a cambiar el mundo. El hecho es que todos necesitamos uno. *Y, una vez que lo identifiquemos, ¡conquistémoslo!*

Los sueños alimentan nuestra energía. Nos dan esperanza con respecto al futuro e inspiran a todos los que nos rodean.

Bien sea de una forma o de otra, nuestros sueños se **harán** *realidad.*

"T" Strachan está viviendo su sueño. ¡Vive tú también el tuyo!

Perspectiva

*Cada persona tiene una perspectiva diferente
aun cuando esté observando lo mismo.*

—Edward Huang

Todo es cuestión de perspectiva

*Lo único sobre lo cual tienes control es sobre tu perspectiva.
No tienes control sobre tu situación,
pero sí lo tienes con respecto a cómo la ves.*
—Chris Pino

A veces, la perspectiva te golpea en la cabeza como un balde de agua helada.

Hace unos años, estuve con un colega en Capitol Hill, Washington, D.C. Fuimos a visitar a los encargados de implementar unas pólizas y a reunir cierta información que necesitábamos para unos clientes. El caso es que, durante la reunión de cierre, recibimos algunas noticias no muy halagadoras que afectarían a nuestro principal cliente, así que comencé a sentir que mi estómago se revolvía y mi pecho se contraía.

Ambos salimos de la reunión con la cabeza gacha. En silencio, esperamos un taxi, a medida que asimilábamos con dolor las malas noticias.

De repente, un taxi se detuvo y una voz retumbante gritó desde adentro:

"¡Bienvenidos, mis amigos!".

¡Oh, no! Este tipo estaba DEMASIADO feliz.

Acto seguido, nos desplomamos en los asientos de la parte trasera y nos acomodamos allí lo mejor que pudimos.

"Mis amigos, ¿por qué se ven tan tristes?".

Solo conduce el taxi, amigo.

"¿Es algo relacionado con su salud? ¿Quizá, con sus familias?

¿Qué es esto, un cuestionario de 20 preguntas? ¡No, por favor!

Al fin, rompí el silencio. A regañadientes le expliqué la desastrosa reunión. El taxista me escuchó con total atención y luego esbozó una enorme sonrisa.

¿Se estaba burlando de nosotros?

"Amigos míos, soy de Sierra Leona. Como saben, hemos soportado muchas atrocidades en nuestro país. A veces, parece imposible continuar, pero allá tenemos un dicho que nos motiva a seguir adelante: **¡No te quejes de tus zapatos cuando tu vecino no tiene pies!**".

¡Zaz! ¡En un solo instante, me sentí retado! ¡Me cayó un cubo de hielo en la cabeza, estando allí, en el asiento trasero de un taxi!

Nuestra vida cotidiana tiende a volverse abrumadora. Tenemos enormes responsabilidades financieras. Tenemos que preservar la estructura familiar. Tenemos gente que cuenta con nosotros para que les demos pautas precisas de cómo actuar. Tenemos que satisfacer las necesidades emocionales de nuestros amigos cercanos y las de nuestros familiares. Con tanto en juego, podemos perder rápida y fácilmente nuestra perspectiva. Y, en momentos así, hasta los contratiempos más pequeños pueden tener un impacto inverso en nuestra autoestima y en nuestra autoconfianza. Una mala reunión. Un cliente perdido. Una prueba fallida. Una oportunidad de mercado perdida. Una misión infructífera. Un error de juicio. Una falla de ejecución. Una relación rota. Una derrota martirizante.

Los momentos así son crudos y también reales. Pero ¿son permanentes? ¿Son catastróficos? ¿Nos definen? ¡Por supuesto que no!

Con la perspectiva adecuada, nos volvemos inmunes a la agitación general del día. Confiamos en que hay esperanza en medio de la desesperación.

La derrota es temporal. El fracaso es un momento en el tiempo, no un destino. Las relaciones se rompen y luego se reparan. No permitamos que estos contratiempos temporales dicten cómo ha de ser nuestro nivel de éxito y nuestra felicidad.

En otras palabras, con tanto a nuestro favor, no permitamos por ningún motivo que una mala reunión nos arruine el resto del día.

Piensa en todas las áreas que debemos frentear en nuestra vida. Familia. Amigos. Trabajo. Estudio. Vida social. Deporte. Aficiones. Relaciones. Tenemos muchos malabares por hacer. Pero, ¿qué áreas queremos priorizar? Tener claridad en esto nos ayudará a determinar dónde enfocar nuestro tiempo y nuestra energía.

Si nuestra área de trabajo está llena de cosas por hacer, pero nuestra vida familiar está vacía, ¿cuál es ahí nuestra verdadera ganancia? Si nuestra área de pasatiempos está llena de una cantidad enorme de cosas que hacemos para divertirnos, pero nuestra área relacionada con los amigos es árida, ¿dónde está la alegría? Necesitamos priorizar a cada instante cuáles son aquellas cosas que en realidad nos importan en la vida. Si perdemos esa perspectiva, es fácil ir a la deriva y pasar de un destino al siguiente.

Sin esas prioridades firmemente establecidas, las pequeñas cosas de la vida terminarán por desviarnos aún más del rumbo que llevamos. Por eso, es tan útil usar recordatorios que nos ayuden a restablecer nuestras prioridades y así retomar el camino correcto. La inspiración puede venir de cualquier parte. Incluso de un viaje en taxi.

¡Es hora de despertar! A veces, un balde de agua helada es justo lo que necesitamos.

Sin embargo, es fundamental tener cuidado de no ignorar por completo alguna de las diversas áreas de nuestra vida. Obvio, la familia y las relaciones son clave, pero no podemos ignorar nuestras responsabilidades en el trabajo. Tampoco podemos dejar de estudiar para nuestros exámenes, ni darnos el lujo de perder a nuestros clientes, ni abandonar a nuestros compañeros de trabajo, ni decepcionar a nuestros compañeros de clase. Ahora, tener perspectiva de todas las áreas que componen nuestra vida es crucial, ¡pero es esencial actuar, es decir, hacer lo que sea necesario para mantenerlas a la altura que queremos!

Nuestra acción diaria sigue siendo importante. Tener perspectiva no es excusa para apartar la vista del balón. Por supuesto, seguiremos enfrentándonos a la frustración y a la confusión; a una *montaña rusa* de buenas y malas noticias que nos llegan a lo largo y ancho de nuestra vida cotidiana. Eso es parte del viaje y, en ese sentido, algunos días serán mejores que otros.

El hecho es que la perspectiva nos permite suavizar las cuestas y las curvas que surgen por el camino. Nos ayuda a extendernos más allá de nuestros obstáculos inmediatos. Nos permite superar los momentos difíciles sin perder de vista el propósito mayor de nuestra existencia.

No dejemos que la rutina diaria apague nuestra voluntad de triunfar, ni que las pérdidas temporales definan nuestra felicidad. Si queremos mantener la resiliencia, es decisivo mantener nuestras prioridades en orden.

Salud, familia, amigos, relaciones. ¿Tenemos la perspectiva adecuada de todas y cada una de estas áreas? Si es así, reuniremos la fuerza necesaria para seguir luchando. Entonces, ¿tenemos algo de qué quejarnos?

Quizá, nuestros zapatos estén desgastados y sucios, pero nuestros pies están firmemente plantados en el suelo.

Toda espina tiene su rosa

Podemos quejarnos porque los rosales tienen espinas o regocijarnos porque las espinas tienen rosas.
—Alfonso Karr

Hace muchos años, durante la secundaria, yo era un delantero *bastante aceptable* y hacía parte de un *gran* equipo de fútbol de la escuela. Competí duro por la posición de titular y, una vez allí, lo daba todo en el campo. Al final, resultó que terminé en el rol de *respaldo* en la ofensiva.

Si bien estaba decepcionado, nuestro equipo dominó a todos los oponentes y nos divertíamos marchando hacia obtener un récord perfecto. ¿Por qué quejarse?

Ya en el penúltimo partido de la temporada, nuestro defensa titular sufrió una devastadora lesión en el hombro. Era claro que no volvería al juego. ¡Este era mi momento de brillar!

Así las cosas, *aproveché al máximo mis minutos de juego* y di muy buen rendimiento, lo cual me encaminó hacia otra gran victoria. Ya en el último partido de la temporada fue más de lo mismo: un final glorioso que trajo consigo una temporada perfecta. (Aquellos fueron "Días de gloria").

El caso es que tenía que tomar una decisión sobre cómo percibía mi última temporada de fútbol.

Pude haber lamentado todas las oportunidades desperdiciadas para mostrar mi talento en el campo y convertir algo positivo en un aspecto negativo en mi vida, pensando:

"¿Qué tal si hubiera empezado a jugar desde el principio de temporada? Habría podido establecer buenos récords. Habría acumulado numerosos touchdowns. ¡Pude haber sido candidato a MVP! ¿Por qué siempre recibo un trato injusto?".

También estaba la opción de ver los últimos dos juegos como una bendición increíble y pensar:

"¡Qué gran privilegio ser yo el encargado de llevar la pelota en un juego tan significativo no solo para el equipo, sino también para la escuela! ¡Qué honor actuar frente a mis compañeros! ¿Y si nunca hubiera tenido esta oportunidad? ¿Qué AFORTUNADO fui?".

La lente a través de la cual queremos ver la vida es nuestra propia elección. Yo elegí la lente positiva.

A diario, todos tenemos que hacer la misma elección. En el área laboral, nuestro grado de satisfacción depende en gran medida de cómo vemos el éxito. Por supuesto que queremos luchar por más. Por supuesto que debemos ser implacables en nuestra búsqueda de la excelencia. Sin embargo, es determinante encontrar el equilibrio entre la ambición y la perspectiva.

¿Estamos obsesionados con los clientes que perdemos o estamos agradecidos por los clientes que tenemos? ¿Nos enfocamos en los miles de rechazos que recibimos en el proceso de venta o celebramos los contratiempos que superamos? ¿Nos damos por vencidos si nos pasan por alto para una promoción o redoblamos nuestro esfuerzo para demostrar nuestra verdadera valía? ¿Nos enfocamos en nuestras derrotas o atesoramos nuestras victorias?

Te garantizo que, si buscamos lo negativo de cada situación, lo encontraremos.

De igual manera, si *elegimos* enfocarnos en lo *positivo*, ¡tendremos la motivación necesaria para seguir luchando por alcanzar nuestras metas!

Lo mismo es verdad para nuestra vida personal. ¿Nos obsesionamos con las relaciones que nos vuelven locos? ¿O apreciamos el amor increíble de las relaciones sólidas que disfrutamos en nuestra vida? ¿Caeremos en espiral por un agujero negro, debido a nuestras crecientes obligaciones financieras? ¿O celebramos las pequeñas victorias que nos generan ingresos? ¿Nos enfocamos en los defectos de nuestro cónyuge? ¿O estamos agradecidos de haber encontrado a alguien que tolerará *nuestras propias* debilidades y defectos?

Nuestra felicidad está dictada en gran medida por la lente a través de la cual vemos la vida.

Mantenernos positivos es una elección. Pero no nos engañemos. Es un ¡decisión difícil!

Ser rechazado es una lección de *humildad*. Perder clientes es devastador. Fracasar en nuestro campo de acción es *degradante*. La incertidumbre financiera es *desgarradora*. Las relaciones son *complicadas*. Incluso, hay momentos en que el matrimonio es una total *batalla*.

En esencia, las cosas no siempre van a salir como queremos. Nadie va por la vida sin cicatrices. Todos enfrentamos adversidades en alguna parte del camino. Lo que no podemos permitir es que esos fracasos socaven nuestra motivación.

Está bien que nos pisen los talones de vez en cuando. Así es la vida. Si no nos lastimamos, lo más probable es que no nos estamos esforzando lo suficiente.

¡No deberíamos tratar de encerrar nuestro mundo en una burbuja! Más bien, veamos estos reveses que enfrentamos como circunstancias *temporales*. No perdamos de vista la *posibilidad* de tiempos mejores. Tenemos demasiado talento como para tirar la toalla y conformarnos con un destino que esté por debajo de todo nuestro potencial.

Nuestra resiliencia se alimenta de nuestra forma de pensar. Sin una perspectiva positiva no tenemos ninguna posibilidad de éxito. ¿Por qué? Porque las dificultades que enfrentamos son reales y emocionales. Podrían abrumar nuestros sentidos y poner a prueba nuestra resolución y fuerza. Los reveses son adversarios *fuertes* y la negatividad resulta siendo una gran desventaja al momento de lidiar con el dolor.

¡Para ganar, debemos luchar con determinación y constancia!

Si reunimos la fuerza necesaria para concentrarnos en lo positivo en medio de una tormenta, no hay duda de que superaremos hasta el contratiempo más difícil.

Todos tenemos esa capacidad. Todo el mundo tiene el potencial de ser resiliente. Todo se reduce a tener perspectiva.

Cada rosa tiene su espina. ¡Pero nunca olvides que *toda espina tiene su rosa!*

¡Señales, señales, en todas partes hay una señal!

*El universo siempre está hablándonos...
enviándonos pequeños mensajes.*
—Nancy Thayer

Mi hermana y su esposo son dueños de una casa en un lago al sur de Maine. Es un lugar que les brinda a sus visitantes la mejor experiencia "desconectadora". Allí, hay pequeños botes para hacer relajación a medida que recorres el lago. También hay toboganes de alta velocidad para los que son más aventurados. Hay kayaks y embarcaciones de pedal para todos. Es el tipo de lugar al cual los problemas van a morir.

En un viaje reciente, mi hija Riley me propuso que hiciéramos un recorrido en kayak alrededor del lago, temprano en la mañana. Habiendo sufrido hacía poco algunos contratiempos personales y profesionales menores, mi capacidad de recuperación se estaba agotando. No me sentía particularmente motivado para hacer aquel recorrido, pero reconocí la importancia del momento y es que, cuando tu hija adolescente te *pide* pasar tiempo contigo, ¡la respuesta *tiene que ser sí!*

Tan pronto nos subimos al kayak, supe que aquella sería una aventura especial. El cielo era de un azul celeste brillante; el agua estaba clara y provocativa; por supuesto, la serenidad y el silencio del lago nos inundaron a ambos.

Este lago en particular estaba lleno de cientos de pequeñas islas. A los cinco minutos de estar remando, nos topamos con una islita particularmente pequeña y decidimos explorarla. Una vez allí, acomodamos los kayaks en la orilla y examinamos el paisaje. La isla tenía menos de 20 metros de largo. Altos pinos formaban un anillo a su alrededor, dejando un pequeño trozo de hierba y arena en el centro. ¿Éramos nosotros los primeros en descubrir ese pequeño paraíso?

Avanzamos con entusiasmo hacia el área despejada y, a medida que atravesábamos los árboles, miré hacia abajo y me detuve en seco. *Fue algo así como un rayo. Como Saulo de Tarso cuando fue derribado del caballo. ¡Era una señal del universo!*

Descansando pacíficamente en la arena había una roca plana y pulida que estaba decorada y adornada de modo artístico y tenía escrito el siguiente mensaje: **"Las estrellas no pueden brillar sin oscuridad".**

¿Alguien me estaba esperando? ¿Alguien sabía que estaría en ese lugar justo en ese preciso momento? ¿Alguien sabía que yo necesitaba ver esto?

Aquello fue una señal que me dio perspectiva en un solo instante. *La adversidad nos presenta oportunidades.*

¿No necesitamos todos de vez en cuando una señal que nos ayude a guiarnos?

Los *slogans* no reemplazan el esfuerzo. Las señales no reemplazan el deseo, ni la capacidad de aprecio. Rodearnos de carteles y calcomanías no cambiará por sí solo la trayectoria de nuestra vida. Para recuperarnos de los contratiempos, necesitaremos más que *slogans* y dichos trillados. Pero, cuando se trata de superar nuestros momentos más difíciles, ¡necesitamos toda la ayuda que podamos obtener! ¿Por qué ignorar al universo? ¿Por qué descartar cualquier impulso que podamos recibir para aumentar nuestra confianza?

La resiliencia es una mentalidad. Si queremos seguir adelante, no podemos cerrarnos al mundo. No podemos hacerlo todo por nuestra propia cuenta. Necesitamos estar en "modo recepción". Solo así, recibiremos ayuda.

A veces, esa ayuda provendrá de un amigo o de un colega.

A veces, provendrá de uno de nuestros padres o de un hijo. A veces, provendrá de un extraño que nos manifieste esa empatía en particular, justo en ese momento en que la necesitamos.

¡Habrá veces en que esa ayuda también provenga de alguna roca sobrenatural que nos encontremos justo en medio de una isla deshabitada!

En tiempos oscuros, hasta la más mínima esperanza nos hará avanzar en la dirección correcta. Hacia un gran negocio que se vislumbra en el horizonte. A un nuevo cliente con gran potencial. A un estudiante que está empezando a aportar buenas ideas. A un jugador que por fin nos *escucha*. A un niño que avanza a pasos agigantados, rumbo a alcanzar su potencial. A una relación helada que empieza a avanzar y a mostrar ese progreso que tanto buscábamos.

Pero, para mantener viva esa esperanza, debemos *creer* que el futuro es prometedor. Si creemos que no seremos capaces de ganar, perderemos. Si creemos que el mundo está en nuestra contra, estaremos solos. Si creemos que se ha perdido toda esperanza de triunfo, solo quedará lugar para el desánimo y la derrota.

¿Por qué cerrarnos a la *posibilidad* de un futuro mejor?

A veces, necesitamos pequeños recordatorios. A veces, necesitamos una señal del universo de que todo va a estar bien.

A veces, una roca es una roca. A veces, es un mensaje que recibimos de manera personal, afirmándonos que vale la pena seguir *luchando*.

Todos merecemos la felicidad. Todos merecemos un futuro mejor. Todos merecemos la oportunidad de *brillar en la oscuridad*.

Necesitamos mantenernos resilientes. *Las señales están a nuestro alrededor.*

Cadenas de ahorro, Bitcoin, "¡*Dilly Dilly!*" y otras cosas que pretendo entender

> *"Con frecuencia, la vulnerabilidad es considerada una debilidad. ¡En realidad, es un signo de fortaleza!".*
> —Patrick Leoncini

¿Has hablado alguna vez con confianza sobre algo de lo que sabes poco?

Pues, bien. Allí estaba yo, en medio de una reunión importante con un cliente, cuando el temido tema de las "cadenas de ahorro" asomó su fea cabeza. Como la mayoría de la gente, he oído hablar de ese tipo de ahorros y sé lo suficiente como para entender que tiende a ser peligroso hacerlo. Para mí, esto es algo como lidiar con el sol. No lo mires directamente. Solo hazte una idea de ello.

"¿Qué sabes de las cadenas de ahorro?", me preguntó mi cliente.

"Mucho" —le dije, mintiendo. "Es un libro de contabilidad virtual para criptomonedas y es *muy* interesante".

Semejante respuesta pareció satisfacer a mi cliente. Sin embargo, siendo *sincero*, no sabía ni qué era una criptomoneda (¿Bitcoin? ¡Por supuesto!), ni mucho menos estaba seguro de saber dar una definición "técnica".

Sintiéndome un poco inseguro, cambié de inmediato el tema de conversación: "¡Me encantaría saber más sobre *tu* estrategia con respecto a las cadenas de ahorro!".

Durante los siguientes 30 minutos, el cliente habló y habló poéticamente sobre su gran diseño. Al parecer, estas cadenas estaban generando un cambio de paradigma. Estaban rompiendo silos. Surgían nuevos mercados. *Bla, bla, bla.*

Al final de la conversación, mi colega y yo salimos de allí muy confiados.

"¡Esa fue una *gran* reunión!".

"¡*Dilly Dilly!*", exclamé con entusiasmo.

Ambos nos reímos y nos dimos un buen apretón de manos como despedida.

Por supuesto. En realidad, aquella no fue una gran reunión. Le hice perder su tiempo al cliente al lanzarle una pregunta que probablemente ni yo mismo entendía. Y también perdí mi tiempo al tener que escuchar su respuesta. ¿Para qué sirvió eso?

Y para colmo de males, ¡ni siquiera sé qué significa *"Dilly Dilly"*!

La verdadera pregunta aquí es: ¿Por qué tenía yo tanto miedo de admitir una vulnerabilidad? Es decir, ¿por qué sentimos la necesidad de enterrar la cabeza en la arena y tapar tanto en nuestro trabajo como en nuestra vida personal el hecho de que hay cosas que no entendemos?

En nuestra vida laboral, siempre habrá un problema que no entendemos 100%. No podemos esperar ser los expertos en todo. Por eso, tenemos compañeros. Por eso, contamos con especialistas. No podemos, ni debemos tener que hacerlo todo solos.

Hasta el vendedor más experimentado se pone nervioso. Hasta el profesor más preparado se queda perplejo y también el entrenador más condecorado se confunde. Incluso el mejor estudiante se ve frustrado y el abogado de mayor reputación también es tomado por sorpresa. Y está bien. No somos máquinas.

¡Pero tenemos que admitirlo!

No hay nada de malo en decir: "La verdad es que no lo sé, ¡pero lo averiguaré!". Una respuesta así demuestra una honestidad refrescante por parte nuestra y nos abre la posibilidad de aprender cosas nuevas. Después de todo, si siempre estamos enmascarando nuestras deficiencias, ¿cómo vamos a crecer? ¿Cómo obtendremos la perspectiva adecuada?

Hasta podríamos descubrir que, al mostrar nuestra escueta verdad, la persona sentada frente a nosotros también está dispuesta a admitir que tampoco entiende el concepto de lo que tenemos frente a nosotros.

¿Imagínate si todos fuéramos honestos entre nosotros? ¿Te imaginas cuánto más lograríamos? ¿Cuánta más confianza mutua generaríamos? La persona que parece "más inteligente" no siempre es la más inteligente. Necesitamos tener fe en nuestros instintos y ser honestos incluso en momentos de duda.

Esto es aún más importante en nuestra vida personal. Todos tenemos vulnerabilidades que quedarán expuestas en algún momento u otro. Entonces, ¿por qué tratar de ocultarlas?

Está bien si no sabes cómo arreglar ese grifo que gotea. No brindes una solución pueril solo para demostrar que tú tienes el control. Eso solo causará una inundación en el camino. No te preocupes si no eres bueno con los números. No trates de fingir que es que las cuentas por pagar se te acumulan. Al final, eso solo te causará un tsunami financiero. Tampoco intentes contener esas lágrimas viendo *The Notebook*. Nadie va a pensar menos de ti si dejas salir a flote todos tus sentimientos (bueno, de pronto *un poco* menos que eso).

El punto aquí es que no nos sirve de nada fingir. Somos quienes somos. La honestidad y la transparencia deben tener cierta importancia y ser valoradas en cualquier relación. Ignorar nuestros puntos ciegos solo sofoca nuestro crecimiento y nos causa problemas mayores a futuro.

Entonces, cuanto más nos "mantengamos con los pies sobre la tierra" en medio de los buenos tiempos, mejor estaremos cuando la marea se vuelva contra nosotros. La *resiliencia* requiere de nosotros que nos enfrentemos a la cruda realidad. Debemos reconocer que hay veces en que estamos en un aprieto difícil de resolver. Necesitamos aceptar la responsabilidad por nuestra situación y tenemos que demostrar confianza, tomando medidas drásticas que nos permitan reponernos y volver a levantarnos más fuertes que nunca.

Todos podemos hacerlo. Pero comencemos por admitir nuestros puntos ciegos y por tomar las decisiones adecuadas. Esto nos permite mantener la perspectiva correcta. Enterrar la cabeza en la arena y pasar por alto nuestros puntos débiles solo postergará nuestro dolor.

No entenderemos las cadenas de ahorro a menos que profundicemos al respecto. No nos enriqueceremos, negociando con el Bitcoin a menos que estudiemos sus fundamentos económicos. No aprenderemos a arreglar cosas a menos que veamos algunos videos tutoriales de YouTube y hagamos el esfuerzo de poner en práctica esas recomendaciones. No sabremos amar a menos que estemos dispuestos a ser vulnerables y a lastimarnos.

No creceremos a menos que admitamos nuestras debilidades y trabajemos activamente para mejorarlas.

La elección es nuestra. Brindemos todos por mantener los pies sobre la tierra de aquí en adelante.

¡Dilly Dilly!

Lecciones de vida de Frankie "el montacargas"

Nunca se sabe cuándo un momento de apoyo o unas pocas palabras sinceras generarán impacto en una vida.
—Zig Ziglar

Le decían Frankie "el montacargas". Era un tornado de energía y un trabajador frenético. No tengo ni la menor idea de dónde estará hoy en día. El hecho es que él me enseñó más sobre resiliencia y empatía que lo que nadie me ha enseñado hasta ahora.

Hace muchos años, me encontraba luchando por triunfar como guionista en Hollywood. Mis proyectos se estaban derrumbando, mis ahorros se estaban agotando y mi resiliencia se estaba apagando, así que no me quedaba mucho tiempo para triunfar en la fábrica de los sueños.

Por fortuna, un buen amigo, Tom Reyes, tuvo la amabilidad de conseguirme un trabajo temporal en su tienda de licores en Harbor Distributing. Esta oportunidad me proporcionó los ingresos suficientes para extender mis posibilidades de alcanzar mi sueño. ¡Después de una vida de trabajos en el mundo de cuello blanco, mi educación de cuello azul estaba a punto de comenzar!

Me asignaron al área de "rupturas" de una bodega. Allí, mis responsabilidades incluían tareas tan glamorosas como recoger fragmentos de vidrio, lavar las botellas y manejar una pistola de pegamento caliente, a punto de humear, para armar paquetes de 12 unidades. ¡*Bueno, esa labor* sí que estaba *maximizando* mi educación universitaria!

En este momento de mi vida, muchas de mis metas se estaban quedando en el camino. Me encontraba trabajando duro en las entrañas de una bodega y estaba tan lejos del podio de los Premios Oscar como nadie en el mundo podría imaginar. Pero me sometí, trabajé duro y cambié mi sueño de estrellato por mi sueño de superar mi posición actual. ¡Tenía que llegar a la cima!

Por fin, después de unos meses, logré un gran "ascenso". No más dedos cortados, ni más quemaduras en un lado y otro de mi cuerpo. ¡Me pasaron del área de desguace a hacer parte de las valientes filas de la fraternidad de los montacargas!

En la jerarquía de las bodegas, los operadores de montacargas están en la parte superior de la pirámide empresarial. Y entre esos pocos elegidos, nadie era más respetado que Frankie. Él era rápido y eficiente. Rara vez, se tomaba un descanso cuando estaba en horas de trabajo. Si había que hacer algo, todos los ojos se volvían hacia Frankie.

En mi primera asignación, Frankie y yo fuimos los encargados de mover dos tarimas de cerveza de un lado al otro de la bodega. Desde el comienzo, supe manejar el montacargas hábilmente, así que levantaba las plataformas de madera y me desplazaba con confianza y orgullo por toda la bodega. ¡Si podía hacer esto, ya podía hacer cualquier otra cosa que me dijeran!

Pero, de repente, choqué contra algo. *¡Boom! ¡Confusión! ¡Ruido!* En cuestión de segundos, 24 cajas de cerveza se habían esparcido por el suelo. *¡Horror!*

En ese momento, mi grado de desesperación se magnificó de manera exponencial. Mi autoconfianza se derrumbó, junto con la cerveza, a medida que fluían en mí toda clase de pensamientos negativos: *había defraudado a mi esposa, Jennifer, llevándola al Oeste, tras una búsqueda inútil. Había defraudado a mis padres al desperdiciar mi educación universitaria. Me había defraudado a mí mismo al no maximizar mi talento. Había defraudado a mi amigo al arruinar su mercancía. ¿Estaba destinado a una vida de derrota?*

Al instante, sentí una mano en mi hombro. Era Frankie. "Sucede todo el tiempo, amigo", me dijo sonriendo. "No te preocupes. He tenido la intención de arreglar ese bache en el suelo y no lo he hecho".

En menos de dos minutos, Frankie me ayudó a limpiar todo el desorden y envió el resto de las botellas a la sección de rupturas para que volvieran a empaquetarlas. La vida allí no perdió su ritmo normal y el "incidente" ni siquiera mereció una mención especial durante la hora del almuerzo. La esperanza y el optimismo reemplazaron rápidamente a la horrible desesperación.

En un solo instante, Frankie me enseñó dos lecciones valiosas que tienen la capacidad de impulsar la resiliencia en todos nosotros:

1) Rara vez, las cosas son tan malas como parecen serlo en el momento.

Los accidentes ocurren todo el tiempo y la gente comete errores. En tiempos difíciles, nosotros mismos nos convertimos en nuestros peores críticos, a medida que los pensamientos negativos caen en cascada a toda velocidad, rumbo hacia la desesperación. Necesitamos superar la desesperación del momento y luchar por recuperar la perspectiva que tanto necesitamos tener.

En mi caso, yo seguía teniendo talento y un futuro brillante ante mí. Mi esposa y mis padres aún me apoyaban y ninguna cantidad de vidrios rotos rompería esos vínculos. Mi amigo no iba a perder su negocio por unas cuantas botellas rotas. Aquel fue un simple error y no un presagio de cosas desastrosas por venir.

Pero, ¿habría recuperado alguna vez mi perspectiva sin un simple acto de empatía?

2) La empatía es una elección poderosa.

Todo el mundo se enfrenta a algún tipo de desafío. Tal vez, a una crisis de confianza. Tal vez, a una vida hogareña inestable. Tal vez, a un error reciente o a una dura derrota. El hecho es que, en algún momento, todos llegamos a un punto de ruptura. Sin embargo, el acto más pequeño de compasión puede tener un gran impacto en cualquier persona.

Frankie tenía varias opciones. Pudo haber dado media vuelta y seguido con sus asuntos. Ciertamente, él no sabía que yo estaba cerca de un punto de quiebre en mi vida y no necesitaba darme unas palabras de apoyo y consuelo. Sin embargo, su sencillo acto de empatía cambió mi perspectiva para siempre.

Todos enfrentamos contratiempos en algún momento de nuestra vida, pero todos tenemos la capacidad de recuperarnos; de ponernos de pie y volver al ruedo más fuertes que nunca y lograr nuestros sueños.

Simplemente, necesitamos mantener nuestra perspectiva en tiempos difíciles y seguir avanzando.

Además, necesitamos darnos cuenta de que un poco de empatía suele ser de gran ayuda en nuestra propia vida y en la de todos aquellos a quienes ayudamos.

Pregúntale a Frankie, el chico del montacargas. Él te dirá que un acto sencillo y amable tiene el poder de hacer de este mundo un lugar mejor.

El peligro de enfrascarse en asuntos menores

> *La grandeza y la miopía son incompatibles.*
> *Los logros significativos dependen de levantar la vista*
> *y querer marchar hacia el horizonte.*
> **—Daniel Pink**

El ritmo de la vida moderna se ha acelerado a velocidades vertiginosas en la era digital. Hoy en día, con la proliferación de la tecnología, siempre estamos sintonizados, siempre somos accesibles y además responsables con respecto a nuestra vida laboral. Además, con una cantidad cada vez mayor de hogares con ingresos duales, nuestra vida hogareña se ha convertido en un acto de malabarismo compuesto de actividades infantiles y eventos sociales. No hay nada intrínsecamente malo en esto, ya que queremos lo mejor para nosotros y para nuestra familia.

Pero, con todo el movimiento y las constantes demandas de nuestro tiempo, resulta difícil mantener la perspectiva. Es fácil quedar tan envuelto en el torbellino de la competencia y las comparaciones que perdemos de vista el panorama general.

De vez en cuando, tenemos que dar un paso atrás y respirar profundo. ¿Estamos trabajando para satisfacer nuestro propio ego o para mejorar la vida de nuestra familia? ¿Nos interesa más lo que los demás piensen de nosotros que lo que nosotros pensamos acerca de sí mismos? ¿Nos preocupamos más de que nuestros hijos ganen un concurso que de su desarrollo emocional, físico e intelectual? En resumen, ¿estamos debidamente enfocados en lo que en verdad es importantes en nuestra vida?

Existe el peligro de "especializarnos en asuntos menores". En los negocios, a menudo comenzamos con los objetivos altruistas de resolver los problemas de nuestros clientes y de promover el progreso de la humanidad. Pero, con demasiada frecuencia, terminamos centrándonos en objetivos menores como ganar un premio o querer impresionar a nuestros colegas. En nuestra vida familiar, comenzamos con los objetivos esenciales de inculcarles a nuestros hijos valores morales y de criarlos de tal modo que logremos maximizar su potencial. Pero es fácil caer en enfocarnos en metas menores como la de ganar una competencia o la de que ellos sobresalgan en una prueba estandarizada. Queremos mantener amistades fuertes y duraderas y construir con ellas verdadera confianza. Pero, con demasiada frecuencia, terminamos enfocándonos en las deficiencias de los demás y acabamos lanzando juicios en lugar de ejercer nuestra empatía hacia los demás.

Tenemos que centrarnos en metas grandes. Si lo primordial para nosotros es ayudarles incansablemente a nuestros clientes a resolver sus problemas, nuestra pequeña meta de recibir premios y reconocimientos se cumplirá por sí misma. Si construimos una base de confianza y resiliencia en nuestros hijos, ellos tendrán éxito en cualquier área de la vida. Si nos enfocamos en brindarles confianza y perdón a nuestras amistades, no seremos encadenados en nuestras relaciones interpersonales con la energía negativa de los celos y los juicios. La vida es demasiado corta para dejarnos llevar por las minucias que se arremolinan a nuestro alrededor día tras día. Centrarnos en las cosas más importantes de nuestra vida es saludable y edificante. Necesitamos elevarnos por encima de las dificultades y ser ese brillante ejemplo de esperanza en este mundo.

Los resultados y las circunstancias menores no siempre son negativos. No estoy sugiriendo que renunciemos a nuestros bienes mundanos y nos mudemos al desierto. Después de todo, el éxito financiero suele ser liberador. No hay nada de malo en tener una casa grande (¡Yo quiero una!) y un flamante bote (¡También quiero uno, amigo!). No hay nada de malo en instar a nuestros hijos a sobresalir en la competencia, ni en querer que ellos estudien en una escuela de Ivy League. ¿Quién no quiere la mejor vida posible para nuestra familia? ¡Soñemos en grande!

Sin embargo, esos resultados menores no deben ser nuestro enfoque principal. Tenemos que seguir haciéndoles aportes de valor a nuestros clientes. Es esencial seguir amando y apoyando a nuestra familia. Queremos seguir construyendo relaciones basadas en la confianza y el respeto. No nos equivocaremos si nos enfocamos en las metas principales de nuestra vida. De lo que se trata es de no perder de vista la perspectiva completa. Los asuntos menores se arreglarán solos.

No será fácil. Las distracciones y las presiones sociales están en todas partes. Una y otra vez, seremos tentados a centrarnos en resultados y percepciones menores. ¡Mantengámonos fuertes! ¡Resilientes! ¡Enfocados en el horizonte! Necesitamos mantener nuestra salud y una perspectiva positiva. Si lo hacemos, estaremos destinados a ejercer un *gran* impacto en este mundo.

Lo hecho, hecho está

Cierra la puerta que te conduce hacia el pasado.
No intentes olvidar tus errores, pero no te quedes en ellos.
—Johnny Cash

William Shakespeare (quizá, sin darse cuenta) nos ofrece uno de los mensajes más poderosos para poner en práctica la resiliencia cotidiana. En el acto 3, escena 2 de *Macbeth*, Lady Macbeth le implora a su esposo: "Es necesario sacar de nuestra mente aquello que ya no tiene remedio: lo hecho, hecho está". De acuerdo, estas palabras parecerían un poco demasiado insensibles e indiferentes en el contexto del asesinato premeditado del rey Duncan. Pero, dejando de lado ese pequeño detalle, este sentimiento sigue siendo un aspecto clave de la resiliencia cotidiana en nuestro trabajo y en nuestra vida personal.

En el área laboral, tendemos a mirar hacia atrás y analizar cada error que cometimos y cada decisión equivocada que hicimos. ¿Y si le hubiera presentado al cliente una mejor opción? ¿Qué habría pasado si me hubiera desempeñado en mi trabajo a la altura de todo mi potencial? ¿Y si me hubiera quedado en ese empleo hasta que la empresa hubiera crecido como lo ha hecho hasta ahora? ¿Qué habría ocurrido si me hubiera arriesgado con una puesta en marcha distinta en lugar de hacerlo por este camino convencional? ¿Y si hubiera estudiado más? ¿Y si hubiera hecho ese ahorro o terminado esa especialización?

Las lamentaciones son un subproducto natural del fracaso, pero no podemos permitir que estas nos paralicen. Estamos donde estamos, debido a nuestras decisiones y acciones. Pero nuestro futuro no está sujeto a nuestro pasado. *¡Lo hecho, hecho está!* Independientemente de nuestra situación actual, tenemos que avanzar con confianza. Nunca es demasiado tarde para empezar todo de nuevo. Nunca es demasiado tarde para volver a concentrarnos en la meta que tenemos entre manos. Nunca es demasiado tarde para convertirnos en los profesionales exitosos que siempre supimos que podíamos ser.

Lo mismo es cierto en nuestra vida personal. ¿Y si me hubiera quedado en una relación estable? ¿Y si hubiera seguido ese buen consejo? ¿Qué habría pasado si hubiera comenzado a ahorrar antes? ¿Y si hubiera sido más estricto con mis hijos? ¿Y si no hubiera dado por sentada la relación con mis amigos? Hay ocasiones en que pensamos tanto que no logramos detener tantos posibles motivos de arrepentimiento. Simplemente, no podemos dejar de pensar en todo lo que hubiera haber sido y no fue. Sin embargo, vivir en el pasado nunca es la respuesta. *¡Lo hecho, hecho está!* Tenemos que mantener la vista al frente y no en el espejo retrovisor. No hay nada que hayamos hecho en el pasado que no pueda ser perdonado, ni que determine un futuro oscuro para siempre en nuestra vida. Nada de lo que hayamos hecho nos impide disfrutar de felicidad y satisfacción al máximo.

Pero esa perspectiva es más difícil de discernir cuando nos encontramos en medio de una crisis o un mal momento. En tiempos difíciles, nos parece que el mundo se ha vuelto en contra nuestra. La soledad y la desesperación como que se acomodan y se anidan en nuestro interior. ¡Creemos que somos los únicos que estamos experimentado un fracaso! ¡Que hemos sufrido una pérdida! *Disparates*. Si queremos mantener una actitud resiliente, es crucial darnos cuenta que no somos los únicos que estamos afrontando un fracaso y que está bien que así sea, siempre y cuando sigamos avanzando en pos de nuestros sueños.

Nadie es inmune a las ondas y flechas de la atroz desgracia. No será fácil. La situación no se resolverá de la noche a la mañana, pero nos recuperaremos. Ten presente que la resiliencia es un tipo de mentalidad y comienza con la comprensión de que no podemos cambiar el pasado. *¡Lo hecho, hecho está!*

¿En qué parte de tu recorrido te encuentras?

¡La comparación es la ladrona de la alegría!
—**Franklin Delano Roosevelt**

La playa de Santa Mónica, California, es, en mi opinión, uno de los lugares más bellos del mundo. Con vistas panorámicas del Océano Pacífico salpicadas por la escarpada extensión de Santa Mónica Mountains, Santa Mónica nunca defrauda a sus visitantes. Hace muchos años, mi esposa y yo vivíamos en un pequeño apartamento justo en esa playa y disfrutábamos de una pequeña panorámica del océano. Fue un tiempo glorioso. Una mañana, salí a correr a lo largo de la playa principal que serpentea a través de las ciudades costeras de California. Había avanzado unas pocas millas cuando un hombre mayor pasó junto a mí, corriendo. Un par de minutos antes, me sentía en paz conmigo mismo e iba disfrutando del sol y de la hermosa vista, pero me desanimó el ritmo de aquel anciano y me sentí inferior y desilusionado. ¿Realmente estaba siendo *derrotado* por este tipo? Como si hubiera leído mi mente, el anciano se dio la vuelta, corrió hacia mí y me dijo:

"¿Qué tanto has avanzado en tu recorrido?", me preguntó él en un tono un poco preocupado.

"Tres millas, más o menos", le respondí.

"Yo acabo de empezar", agregó el anciano. "Espero poder seguir avanzando por lo menos a la *mitad* de tu ritmo cuando ya haya recorrido tres millas!".

Fue entonces cuando caí en cuenta. ¿Por qué estaba yo tan concentrado en el progreso de otra persona? ¿Por qué estaba dejando que el rendimiento de otros condicionara mi felicidad? La gente se une a nuestro recorrido en diferentes puntos del camino. Además, nunca sabemos lo que está pasando en el mundo de otras personas. ¿Por qué no más bien concentrarme en mi propio viaje y ser feliz dando lo mejor de mí en la carrera? Y, de manera similar, ¿por qué muchos de nosotros adoptamos este mismo enfoque en nuestro trabajo y en nuestra vida personal?

A los empleados más jóvenes que ingresan a la fuerza laboral les parece que sus colegas mayores les llevan una ventaja significativa. Esto suele ser frustrante. *¿Por qué los veteranos obtienen todas las buenas cuentas? ¿Por qué no puedo yo tener tanta confianza en determinado entorno empresarial? ¿Cuándo la gente me tomará en serio?* Los jóvenes quieren avanzar a gran velocidad y adquirir una experiencia valiosa, ser más influyentes y tener dinero. Comprensible. Por su parte, los empleados mayores tienden a ver a sus colegas más jóvenes como una amenaza para su sustento. *¿Cómo hago para aprender esta nueva tecnología y mantenerme actualizado como ellos? ¿Cómo puedo mantener altos mis niveles de energía para poder competir con estos jóvenes? ¿Cómo conservo mi nivel de relevancia en este mundo que cambia tan rápidamente?*

La realidad es que todos los integrantes de la fuerza laboral estamos en un punto diferente del camino. Y todos tenemos nuestras propias fortalezas y debilidades. Si recién estamos comenzando, tenemos energía bruta como un activo y nuestros colegas mayores pueden enseñarnos mucho sobre el negocio. Si somos veteranos experimentados, tenemos la experiencia y la autoconfianza de nuestro lado, y nuestros colegas más jóvenes pueden ayudarnos a adaptarnos a las nuevas culturas empresariales o a dominar nuevas tecnologías. Sea cual sea el punto del camino en el que nos encontremos, todos tenemos *mucho* que aportar. Entonces, no perdamos el tiempo, sintiendo celos o haciendo introspecciones autocríticas sobre nuestro progreso. Concentrémonos en marcar nuestro propio ritmo y en seguir conduciendo por el camino. Solo nosotros sabemos en qué parte del viaje estamos.

Lo mismo es cierto en nuestra vida personal. Quizás, encontramos temprano en la vida a esa persona adecuada, nos casamos y nos establecimos en una gran casa, junto con nuestra familia. También puede que nos lleve más tiempo encontrarla y asentarnos. A lo mejor, nos resulte más difícil hacer amigos o tal vez tengamos la habilidad necesaria para construir un círculo social masivo. Todo eso podría cambiar en un instante y en cualquier punto del viaje. No podemos compararnos con otros de quienes percibimos que tienen mucho más. No sabemos en qué punto de su camino están ellos. No sabemos qué los hace felices. Además, tampoco deberíamos centrarnos en eso. Lo que necesitamos es centrarnos en nuestro propio recorrido. En algún momento, compartiremos el camino con otros que a lo mejor avancen más rápido que nosotros, pero no podemos permitir que su aparente éxito influya en nuestra *propia* visión del éxito y la felicidad.

Esto es especialmente cierto cuando sufrimos un contratiempo. Perder un trabajo. Perder una inversión. Terminar una relación. En tiempos así, tiende a parecernos que todos los demás van pasando felices por nuestro lado. ¿Por qué nosotros no podemos ser también felices? Sin embargo, la realidad es que la mayoría de las personas afronta algún desafío en su vida. Si vamos a ser resilientes y a seguir adelante (¡y *sé* que lo somos!), no podemos dejar que nuestra felicidad dependa de los demás. Tenemos que centrarnos en dar nuestros *propios* pasos. Es esencial estar orientados a la acción e ir avanzando en nuestra *propia* vida. Es fundamental mantenernos enfocados positivamente en nuestra felicidad propia. Hay océanos y montañas y hermosos panoramas a nuestro alrededor. ¡Es hora de disfrutar de todo eso!

Avancemos a nuestro propio ritmo. Trabaja duro, pero tómate el tiempo necesario para disfrutar de lo que te rodea. Concéntrate en tu propia paz y en tu felicidad. Justo cuando pensamos que nos estamos acercando al final del camino, surgirá otro recorrido por hacer y este incluirá nuevos y fascinantes giros y vueltas. ¡Y cuando el camino nos conduzca hacia un túnel oscuro, sigamos avanzando hasta que volvamos a salir a la luz del sol! Nuestro viaje nunca se detiene y nuestro camino nunca termina.

No esperes por la cabina telefónica de Sasaki

Ni el tiempo, ni la marea esperan a nadie.
—Geoffrey Chaucer

En lo alto de una colina cubierta de hierba en Otsuchi, Japón, con vista al Océano Pacífico, se encuentra una antigua cabina telefónica blanca. En su interior, hay un solo teléfono rotatorio, de modelo arcaico, junto con una pequeña libreta y un bolígrafo. Eso está terriblemente fuera de lugar en aquel entorno rural. Sin embargo, el impacto de este hito antiguo va más allá de toda descripción.

El propietario de la cabina telefónica, Itaru Sasaki, compró aquel quiosco en 2010, con el fin de que le ayudara a afrontar la pérdida de su querido primo. La cabina telefónica era tanto un gesto simbólico como una forma práctica de "llamar" a su primo y decirle cuánto lo amaba y lo extrañaba. Pronto, Sasaki lo apodó el "teléfono del viento", ya que su voz salía desde la cabina y se esparcía por los vientos, rumbo a conectarse con el más allá.

Si ese fuera el final de la historia, esta sería única e interesante.

Pero, menos de un año después, el 11 de marzo de 2011, un enorme terremoto de magnitud 9,1 sacudió el Este de Japón. El tsunami posterior al terremoto envió olas negras de devastación a lo largo y ancho de las penínsulas y los pueblos de pescadores ubicados por toda la costa.

En un solo día, casi 16.000 japoneses perdieron la vida. El pequeño pueblo de Otsuchi fue particularmente diezmado. Toda la provincia quedó bajo el agua y más del 10% de la población fue aniquilada en cuestión de horas.

La gente tradicionalmente estoica y orgullosa de Otsuchi ahora tenía que lidiar con el dolor a una escala imposible de soportar. Entonces, ¿a dónde se dirigieron? Se dirigieron a la idílica cabina telefónica de Sasaki.

Al principio, solo unos pocos aldeanos se aventuraron a subir la colina para expresar su dolor en aquella cabina telefónica. Pronto, se corrió la voz por toda la provincia oriental sobre los poderes catárticos del "teléfono del viento". Después de unos meses, la propiedad de Sasaki parecía *un campo de sueños japonés*.

Miles de personas se embarcaron en una peregrinación hacia ese sitio, con el anhelo de comunicarse con sus seres queridos fallecidos y expresarles su continuo amor.

Hasta la fecha, más de 10.000 sobrevivientes japoneses han ingresado a la cabina telefónica de Sasaki. Allí, se instaló un micrófono como parte de un documental, una película y como parte de un podcast de *This American Life*. En ellos se describen las conmovedoras y desgarradoras "conversaciones" de los visitantes de la cabina con sus difuntos.

Esto es increíblemente poderoso.

Pero, a pesar de que cada historia demuestra la belleza y la reverencia con las que nos afligimos los seres humanos, también hay implícito otro subtexto y un mensaje para los que quedamos atrás.

¿Por qué esperar a que el "teléfono del viento" sea el que comunique nuestro aprecio y nuestra gratitud?

En nuestra vida laboral, hay una innumerable cantidad de personas que hacen posible nuestro éxito. Están nuestros compañeros de trabajo que nos inspiran con su ética de trabajo. Tenemos a nuestro personal administrativo y de apoyo que tanto nos simplifica la vida a diario. También tenemos a nuestro jefe, quien quita obstáculos de nuestro camino y nos ayuda a navegar con seguridad en medio de aguas turbias. ¿Con qué frecuencia les expresamos nuestra gratitud? ¿Qué tan a menudo les decimos cuánto apreciamos su apoyo?

¿Y qué decir de nuestros clientes? Ellos han depositado su confianza en nosotros. Han decidido adoptar nuestra marca, seguir nuestros consejos o beneficiarse de nuestros productos. ¿Con qué frecuencia les damos las gracias por los negocios que hacen con nosotros? ¿Cuántas veces les prometemos nuestra lealtad a cambio?

Las circunstancias cambian de un instante a otro. Los clientes, nuestros compañeros de trabajo y el personal que nos colabora están en constante cambio. Nunca sabemos cuánto tiempo permaneceremos en la situación actual. ¿Por qué no tomarnos el tiempo para expresar nuestra gratitud *hoy*?

Lo mismo ocurre en nuestra vida personal. Nuestros padres se han sacrificado mucho por nosotros para que vivamos una vida mejor. Si tú has tenido la oportunidad de compartir con ellos un largo adiós, esa es una bendición. Si todavía están vivos, ¿por qué esperar hasta tener que ir a la cabina telefónica?

Nuestra pareja contribuye bastante para que nosotros podamos ser felices. ¿Con qué frecuencia le expresamos nuestro verdadero agradecimiento por su apoyo y sus contribuciones?

Nuestros hijos están lidiando con decisiones difíciles y afrontan mucha presión, a medida que maduran y llegan a la edad adulta. ¿Les decimos lo increíblemente orgullosos que estamos de ellos incluso cuando fracasan?

¿Y qué hay del entrenador que se paró bajo la lluvia con nosotros, tratando que fuéramos mejores? ¿Qué decir del profesor que se quedó hasta tarde para ayudarnos la noche anterior a un examen? ¿O del jugador que nunca se quejó de las muchas horas de juego y que aun así practicó duro para ganar junto con nuestro equipo? ¿O del compañero de clase que nos ayudó a entender la tarea? ¿O del amigo que siempre nos escuchó en nuestros momentos de necesidad?

¿No merecen ellos saber cuánto nos importan?

Es tan fácil dar por sentado a los más cercanos a nosotros. A veces, necesitamos dar un paso atrás y apreciar a todas las personas increíbles que hacen parte de nuestra vida. De modo que esperar hasta que tengamos que usar la cabina telefónica de Sasaki para manifestar nuestros sentimientos frente a nuestros seres queridos no siempre es la mejor opción.

Es cierto que no todos podemos expresar fácilmente nuestras emociones. Para algunos es difícil manifestar lo que sienten y eso está bien. No estoy sugiriendo que debamos correr, abrazándonos unos a otros, cantando *Kumbaya*. Cada uno tiene su propia manera de mostrar su gratitud. Un guiño de complicidad o una aprobación sincera también suelen ser una expresión de afecto discreta, pero poderosa.

El hecho es que *todos* somos capaces de manifestar *algún* nivel de reconocimiento hacia los demás. Todos somos capaces de expresar aprecio y gratitud. Todos podemos hacerles saber a quienes conforman nuestro círculo íntimo cuánto los apreciamos.

Diles a los más cercanos a ti cuánto te importan. Hazlo hoy.

No esperes a tener que usar la cabina telefónica de Sasaki.

Tu vecino tampoco lo tiene todo resuelto

*"El éxito llegó cuando al fin logré superar
la sensación de no pertenencia".*
—Steve Buscemi

Lo creas o no, cuando comencé a jugar golf, tenía un poco más de 20 años de edad y era peor de incrédulo de lo que soy ahora (no creías que eso fuera posible, ¿verdad?). Cada vez que llegaba al campo de prácticas, no podía evitar el hecho de percibir que todos me observaban fijamente. Tiro tras tiro, todos eran tan terribles que me parecía que yo era el *único* que hacía el ridículo al lanzar la bola. Me iba tan mal que llegué al punto en que solo practicaba cuando estaba seguro de que no habría nadie más a mi alrededor. Así las cosas, llegué a la conclusión de que, simplemente, yo no pertenecía al grupo de esos grandes golfistas que veía en la cancha.

Una mañana, estaba haciendo mi pésima y solitaria rutina de juego cuando, de la nada, aparecieron otros tres golfistas. Me sentí claustrofóbico y tenso, y de inmediato comencé a hacer los peores lanzamientos de mi vida (¡Y eso ya es mucho decir!). Estaba seguro de que ellos estaban haciendo una crónica de cada una de mis fallas y supuse que se reirían mucho a mi costa más tarde ese mismo día.

Era tal mi frustración que decidí comenzar a prepararme para empacar mis palos y escabullirme del campo de tiro. Pero, cuando puse mi bolsa de golf sobre mi hombro, noté que el tipo a mi lado lanzó una pelota que fue a caer al bosque. Luego, el chico que estaba a su lado dribló la pelota a unos pocos pies del *tee*. El otro tipo tenía los auriculares puestos y danzaba en medio de su propio mundo. Es decir, ninguno de los tres estaba concentrado en lo que estaba haciendo. Nadie me estaba juzgando por mis pésimos tiros. Cada uno de ellos tenía sus propios problemas o estaba tan atrapado en su propia rutina que no estaba interesado en las mías. Sin embargo, me di al aislamiento autoimpuesto y casi abandoné el juego por completo, porque *percibí* que yo era el único que no pertenecía a lo que fuera que estuviera pasando a mi alrededor. *Percibí* que otras personas me estaban juzgando, observando y criticando mis fallas. ¡La *realidad* era que yo no podía estar más lejos de la verdad!

¿Cuántas veces habremos hecho esto mismo? En nuestro lugar de trabajo, quizás apenas hayamos comenzado a trabajar allí o puede que, simplemente, no tengamos tanta experiencia en nuestro campo de acción. Por lo tanto, todos los demás nos parecen expertos. No hablamos en las reuniones de trabajo por temor a hacer el ridículo. No compartimos nuestras ideas porque sentimos que otros en el equipo ya pensaron en eso mismo que quisiéramos proponer. Trabajamos aislados para que otros no vean nuestros errores. Siempre estamos sintiendo que estamos atrasados y que somos incapaces de aprender tan rápido como lo hacen los demás.

En nuestra vida personal, sentimos que toda la gente a nuestro alrededor lo tienen todo resuelto. *Debemos* ser los únicos que afrontamos problemas financieros. *Debemos* ser los únicos con hijos con dificultades en algunas áreas académicas en la escuela. *Debemos* ser los únicos sin una casa grande o un auto nuevo. Tenemos miedo de vestirnos de cierta manera o de expresar nuestro individualismo, porque pensamos que los demás van a juzgarnos. Como resultado, nos esforzamos en todas las formas posibles por encajar y tomamos decisiones basadas en como percibimos que reaccionará la gente a nuestro alrededor. Parecemos no darnos cuenta de que esta actitud insegura suele tener un efecto devastador, ya que, con demasiada frecuencia, terminamos tratando de superarnos unos a otros. ¡Y esta no es exactamente la receta para llevar una vida resiliente!

La realidad es que *nadie* lo tiene todo resuelto. Hasta la persona más competente y segura de sí misma que conocemos tiene sus momentos de duda y debilidad. Quienes hacen parte de nuestro equipo no están enfocándose en nuestros errores e insuficiencias, porque están demasiado preocupados por los suyos. La mayoría de la gente tiene algún tipo de problema financiero o algún pleito legal en algún momento de su recorrido. No todos los hijos logran ingresar a Harvard o a Yale. Ninguno de nosotros tiene una vida "perfecta".

Todos tendremos luchas en algún momento. Todos cometeremos errores. Pero, si descuidamos nuestras ideas creativas y dejamos de expresar de alguna manera nuestras cualidades únicas, esa no es la actitud correcta. Si nuestro estilo de vida y nuestras acciones se basan en cómo nos percibirán los demás, esa tampoco es la actitud correcta. Si tenemos miedo de fracasar y dejamos de correr riesgos por temor a lo que puedan pensar los demás, eso no está bien. Si vamos a llevar una vida resiliente, debemos avanzar día a día con la convicción de que estamos tomando decisiones que sean correctas para nosotros y no para otras personas.

No hay nada que nos impida alcanzar grandes metas. No necesitamos de la aprobación de nadie para lograr nuestros sueños. Es nuestra vida la que está en juego y nos pertenece. ¡Así que lánzate y habla en esas reuniones! ¡Comparte tus locas ideas! ¡Lleva tus jeans ajustados o tus rollitos de más con orgullo! ¡Nunca te disculpes por lo que te apasiona en la vida! ¡No tengas miedo de fallar de manera estruendosa! Batea tan fuerte como puedas en tu campo de práctica y no te preocupes por los posibles juicios de quienes tengas a tu alrededor. Te aseguro que la persona a tu lado no lo tiene todo resuelto.

Un tipo de héroe diferente

No quiero cambiar el mundo. Solo quiero contribuir a que mi entorno sea un poco mejor.
—**Aarón Burdett**

¿Cómo sería el mundo sin nuestros héroes? Quizá, nuestro héroe sea un deportista profesional o un atleta olímpico condecorado. Tal vez, se trate de una estrella de cine o de una leyenda musical. Incluso, puede que hasta sea un gran titán de la industria o una figura política controversial. Cuando pensamos en nuestros héroes, tendemos a pensar a gran escala. Situamos a estas figuras transformadoras en el centro de nuestra conciencia a medida que ellas nos inspiran, nos dan esperanza y nos empujan a alcanzar nuestros propios triunfos. Nuestros héroes son una gran fuente de inspiración. Si ellos pueden lograr hazañas tan increíbles, ¡tal vez, nosotros también podamos!

Es muy importante tener metas elevadas y sueños grandiosos. ¡Ve a lo grande o ve a casa! Sin embargo, debemos tener cuidado con la forma en que medimos nuestro nivel de éxito. Muchos de nosotros nos desanimamos, porque no creemos que estamos marcando una verdadera diferencia en este mundo. Queremos ser héroes, pero no entendemos cómo llegar a ese punto. Soñamos con ocupar la oficina principal de la empresa, pero el director ejecutivo ni siquiera sabe nuestro nombre. Soñamos con ganar un caso judicial que se vuelva histórico, pero nos quedamos atascados en tediosas investigaciones. Soñamos con llegar a millones de personas con nuestro mensaje, pero solo tenemos un puñado de suscriptores.

Es más fácil quitar el pie del acelerador y conformarnos con la mediocridad cuando nuestras metas y sueños parecen tan inalcanzables. ¿Cómo mantenernos resistentes y avanzar constantemente cuando la línea de meta es un punto tan débil en el horizonte? Necesitamos perspectiva, pero tenerla tomará una serie de pequeños pasos que tendremos que ir dando hasta alcanzarla. Si asesoramos y ayudamos a los miembros de nuestro equipo de trabajo, llegará el momento en que nuestro jefe se dará cuenta de esa labor que estamos haciendo. Si nos enfocamos en ampliar nuestra base de clientes y para ello estamos dispuestos a hacer las llamadas en frío que nadie quiere hacer, nuestro jefe también se dará cuenta. Si adoptamos nuestros propios puntos de vista y escribimos desde el corazón, llegará en día en que habremos construido una cantidad interesante de seguidores leales en nuestras redes sociales o donde sea que publiquemos nuestros escritos. La vida no es un juego cuya suma es cero. Mediremos nuestro éxito y trabajaremos hacia nuestras elevadas metas, construyendo sobre nuestras victorias más pequeñas. Sin embargo, no lo conseguiremos todo de una vez. Debemos ser pacientes y seguir avanzando. Sin embargo, no seremos héroes hasta no influir de manera positiva en otra persona. Cuando lo hagamos, habremos dado un gran paso hacia el éxito. ¡Y entonces, nadie nos detendrá en nuestro camino hacia la cima!

No hay nada de malo en pensar globalmente sobre nuestras contribuciones al mundo. En entrenar duro para participar en los Juegos Olímpicos. En soñar con servirle a nuestro país en el extranjero. En encontrar una cura para el cáncer. No dejemos nunca que nuestros sueños se esfumen, pero comprende que nuestro viaje hacia el éxito ocurre primero a nivel local.

Piensa en las personas que le han traído alegría a nuestra vida. En aquel maestro que trabajó pacientemente con nosotros hasta que entendimos el concepto; en el entrenador que creyó en nosotros cuando nadie más pensaba que podíamos lograrlo; en ese miembro de nuestra familia que nos mostró compasión en medio de un duro momento de necesidad; en aquella persona que nos dio nuestro primer trabajo y nos asesoró durante nuestra transición al "mundo real". Personas así son las que han hecho que nuestra vida sea mucho más fructífera. ¿No están ellas cambiando el mundo al brindarnos un poco de felicidad? ¿No son ellas héroes y heroínas por derecho propio?

Necesitamos retribuir toda esa alegría recibida, haciendo todo lo que esté a nuestro alcance para que nuestro pequeño rincón del mundo sea un lugar mejor. No tenemos que esperar a aparecer en la portada de *Sports Illustrated* para ser héroes. Tampoco es necesario que llenemos estadios, ni que actuemos frente a dignatarios mundiales para ser héroes. Podemos ser héroes para nuestros hijos y para nuestro cónyuge; para nuestros padres; para nuestros compañeros de trabajo, ayudándoles a todos a lograr sus objetivos.

Tenemos que enorgullecernos de hacer bien las pequeñas cosas. Primero, debemos cuidar nuestro pequeño rincón del mundo. Luego, sí dediquémonos a brillar en el resto del planeta.

Todos contamos con la capacidad de cambiar el mundo. Es cuestión de trabajar duro y hacer hasta lo imposible para que esto suceda. Pero ese cambio ocurre a través de una persona y una relación a la vez. Si somos una fuente positiva de inspiración para todos los que nos rodean, ¡eso es lo único que necesitamos para ser héroes y heroínas de la vida!

Cuando los reflectores no están sobre nosotros

*Si enciendes una lámpara para alguien,
esta también iluminará tu camino.*
—**Proverbio antiguo**

Vivimos en un mundo superconectado con cobertura de noticias las 24 horas diarias. Vemos infinidad de programas sobre interminables análisis de toda índole, incluyendo entrevistas. Además, tenemos acceso instantáneo a eventos que están teniendo lugar alrededor del mundo entero en tiempo presente. En el resplandor de la atención pública, todos, desde nuestros deportistas profesionales hasta nuestros políticos y nuestras estrellas de cine, están sujetos al rudo escrutinio de sus más mínimos movimientos, causando así un perpetuo frenesí mediático inherente al hecho de ser figuras públicas.

Los periodistas y paparazzis interesados en cubrir las novedades y los secretos de estas celebridades se esfuerzan por encontrar así sea el más mínimo evento que esté ocurriendo en sus vidas o por generar el titular perfecto que los lleve a disfrutar de sus propios 15 minutos de fama. Hoy en día, con la rápida proliferación de las redes sociales, *todos* tenemos el potencial de ser una "estrella". ¡Tómate una selfie con el Papa Francisco y publícala en tu cuenta de Instagram! ¡Consigue una oferta cinematográfica con tu último vídeo de YouTube! ¿Cuántos "me gusta" logras obtener en Facebook y qué tanta respuesta te dan en tu cuenta de Twitter? ¡El mundo gira a nuestro alrededor, mientras buscamos una audiencia a través de la cual podamos validar *nuestro* potencial de estrellas!

Con esto, no quiero decir que las redes sociales sean la raíz de todos los males. Todo lo contrario. Hay tantas aplicaciones útiles que nos facilitan la vida, que es indudable que esta infinidad de herramientas hacen de nuestro mundo un lugar más pequeño. Pero, si no tenemos cuidado, las redes sociales tiende a darnos la falsa percepción de que debemos estar constantemente en el centro del universo.

Como directivos, dado que se supone que somos nosotros quienes debemos ser las estrellas del equipo, resulta tentador atribuirnos el mérito del trabajo de nuestros colaboradores y promocionarnos a nosotros mismos por encima de los demás con respecto a los éxitos obtenidos en algún proyecto. Como maestros y entrenadores, se vuelve tentador trabajar solo con los mejores atletas o estudiantes, ya que el alto nivel de sus resultados nos dará una mayor exposición a los elogios públicos. Como padres, corremos el riesgo de aprovechar la excelencia atlética o académica de nuestros hijos para aumentar *nuestro* estatus y reconocimiento en la comunidad. Es evidente que, cuando los reflectores nunca dejan de brillar sobre nosotros, perdemos toda perspectiva.

Si vamos a mantener algún sentido de equilibrio en nuestra vida, ¡es fundamental darnos cuenta de que no todo tiene que tratarse de nosotros! Los gerentes más efectivos les otorgan crédito a sus equipos por los logros alcanzados y trabajan desde un segundo plano para eliminar de la manera más discreta posible todo tipo de inconvenientes que pudieran surgir debido a una actitud de "estrellato" de su parte. Es por eso que su labor esencial es generar una atmósfera de crecimiento en todos y cada uno de los miembros de sus equipos. Los maestros que cambian vidas son aquellos que fielmente se ponen a disposición de sus estudiantes, así sea fuera de clase, con el fin de inspirar a aquellos que han ido perdiendo el rumbo de su vida académica. Los entrenadores que se convierten en leyendas trabajan antes y después de la práctica con los deportistas que ellos notan que se están dando por vencidos. Por su parte, los padres de familia con una perspectiva correcta sobre la educación y el desarrollo de sus hijos comprenden la enorme importancia del hecho de trabajar con ellos desde la silla del copiloto y disfrutan con humildad del éxito de sus hijos.

Como verás, no alcanzaremos nuestros mayores logros frente a una audiencia masiva. Nuestro trabajo más satisfactorio no recibirá un premio nacional. Es posible que el legado que les dejemos a nuestros hijos no se mencione en una ceremonia en el Salón de la Fama. Sin embargo, estando lejos de ser el centro de atención, cada uno de nosotros sabremos que cambiamos el mundo, siguiendo nuestra pasión y mejorando, como mínimo, la vida de una persona.

Si siempre estamos actuando para una audiencia, preocupados por cómo nos perciben los demás, no lograremos nuestros propios objetivos. De hecho, ¡ni siquiera lograremos identificar cuáles son, ni su orden de prioridad en nuestra vida! Tarde o temprano, no importa cuán exitosos creamos que somos, nos encontraremos de frente con algún tipo de contratiempo a lo largo de nuestro viaje. Entonces, durante ese tiempo, el foco de atención en nosotros se atenuará y nos sentiremos solos. Y, si hemos vivido buscando atención y haciendo que todo se centre en nosotros, este período de soledad y dificultades terminará siendo especialmente desolador y devastador. En cambio, si les hemos brindado apoyo a los demás, si les hemos servido de mentores a otros, si hemos sabido anteponer las necesidades de nuestro equipo por encima de las nuestras, nos recuperaremos con facilidad de cualquiera que sea la crisis que se nos presente. Después de todo, al ayudarles a quienes nos rodean a convertirse en estrellas, habremos construido una red de apoyo leal que nos catapultará de regreso al éxito. Es en tiempos de dificultad cuando conoceremos nuestro verdadero carácter y comprenderemos la inigualable importancia de la resiliencia en nuestra vida. ¡Solo así, nos sentiremos como la estrella del espectáculo incluso en medio de la adversidad!

Es imperioso ayudarles a los demás a lograr sus objetivos, eso sí, sin perder de vista los nuestros. Y nunca lo olvides, las verdaderas estrellas brillan cuando los reflectores se atenúan.

Concéntrate en lo que estás haciendo

Concentra todos tus pensamientos en el trabajo que tienes entre manos. Los rayos del sol no queman, sino hasta que estén bien enfocados.
—Alexander Graham Bell

Para algunos de nosotros, recitar frases en latín bien puede evocar recuerdos dolorosos de aquellos tiempos verbales "pluscuamperfectos" que se remontan a los incómodos años de nuestra escuela secundaria. Pero, a pesar de las connotaciones negativas que podrían impulsarnos al *rigor mortis*, el latín nos ha brindado la base de nuestro idioma inglés y de algunos de los lemas más sencillos, pero más profundos de la vida estadounidense moderna. *Carpe Diem. E. Pluribus Unum. ¡Semper Fidelis!*

San Ignacio de Loyola, el fundador de la Orden Jesuita, nos dejó un consejo con la frase latina más poderosa en cuanto a la resiliencia cotidiana: **Age Quod Agis**. Traducido literalmente, significa: "Haz lo que estás haciendo". En la práctica, es un estímulo para seguir adelante y concentrarnos en la tarea que tenemos entre manos. En este mundo moderno, frenético y acelerado es fácil distraernos, frustrarnos y confundirnos con los muchos roles que desempeñamos en nuestra vida. Centrarnos en la tarea que tenemos entre manos suele ayudarnos a mantener el equilibrio y nos garantiza no terminar agobiados en el cumplimiento de todas y cada una de nuestras responsabilidades.

Cuando estamos en el trabajo, necesitamos concentrarnos en las responsabilidades que tenemos con nuestro jefe, con nuestros clientes, con nuestros estudiantes, con nuestros compañeros de equipo y con nuestra empresa. Nuestros pensamientos y nuestra energía deberán estar dedicados exclusivamente a promover la causa de nuestra organización. Nuestro trabajo será increíblemente interesante y gratificante si vertemos toda nuestra alma en él y nos mantenemos enfocados. Pero, cuando dejamos nuestro lugar de trabajo, tenemos que dejar atrás nuestros pensamientos relacionados con él. Ahora, somos padre, madre, esposo, esposa, hijo o hija. Es hora de concentrarnos en cuidar de nuestra familia, lo cual nos conducirá a disfrutar de una vida mucho más pacífica en el área familiar.

Con demasiada frecuencia, estamos físicamente ubicados en un área de nuestra vida, pero mentalmente enfocados en otra. ¿Cómo lograr entonces la máxima eficiencia en el área laboral si siempre estamos distraídos por pensamientos relacionados con la presión financiera, el cuidado de nuestros hijos o preocupaciones maritales? ¿Cómo conectarnos y cuidar de nuestra familia cuando tenemos tantos asuntos pendientes y constantes exigencias provenientes del trabajo? No es fácil, pero es crucial darnos cuenta de que, cuando estamos en la oficina, ese es nuestro mundo. Cuando estamos en casa, ese es nuestro mundo. Lograremos mucha más satisfacción en nuestra vida si mantenemos presente esa distinción y esa concentración. *Age quod agis.*

Sin embargo, es aún más importante poner en práctica este plan cuando experimentamos un contratiempo. La pérdida del empleo, un error táctico en el trabajo o en casa, el final de una relación o una discusión con nuestra familia pueden hacernos perder el equilibrio. Peor aún, pueden conducirnos hasta la depresión y a la pérdida de energía las cuales exacerban aún más una situación negativa. Esta es una de las pocas veces en nuestra vida en que está bien centrarnos en nosotros mismos. Tomarnos el tiempo para identificar el problema lo más pronto posible y solucionarlo. ¡Nuestra familia y nuestros amigos nos apoyan y necesitan que operemos con todas nuestras fuerzas! Que lleguemos al corazón del problema; que nos demos cuenta de que la inacción nunca es la respuesta y que sigamos avanzando; que tengamos presente que la cadena es tan fuerte como su eslabón más débil.

Si bien nuestro círculo íntimo siempre estará ahí para nosotros, ellos necesitan y esperan que nos recuperemos y volvamos al ruedo más fuertes que nunca. Nos debemos a nosotros mismos hacerlo lo más rápido posible. ¡No podemos sumergirnos debajo de las sábanas y enroscarnos en ellas! Tenemos que recurrir a nuestra fuerza interior. Necesitamos mantenernos positivos y no sacar excusas jamás. La resiliencia comienza con centrarnos en la tarea que estamos realizando y asumir un papel ACTIVO para cambiar el curso de nuestra vida. Todos tenemos la enorme capacidad de superar cualquier obstáculo que surja en nuestro camino.

¡Solo necesitamos ***age quod agis!***

La puerta siempre está abierta

No existe tal cosa como un mal día cuando hay una aldaba en el interior de la puerta.
—**Comandante Paul Galanti**

Virginia War Memorial es un monumento impresionante, ubicado en lo alto de las colinas de Richmond, Virginia. Por todas partes del lugar hay citas inspiradoras de famosos héroes de Virginia que participaron en la Segunda Guerra Mundial, así como en las guerras de Corea, Vietnam y el Golfo Pérsico. Si bien todas estas citas invitan a la reflexión y son emotivas, una en particular, del comandante Paul Galanti, se destaca sobre el resto.

El comandante Galanti era piloto de combate del Skyhawk en Vietnam, antes de ser derribado y capturado por el enemigo. Permaneció prisionero de guerra en condiciones brutales durante casi siete años hasta su liberación, el 12 de febrero de 1973. Su cita y perspectiva de la vida, después de adaptarse al mundo real, casi me derriba en seco:

"No existe tal cosa como un mal día cuando hay una aldaba en el interior de la puerta".

Me dan escalofríos cada vez que leo esta frase. Piensa en el duro castigo y en la abyecta soledad que tuvo que soportar el comandante Galanti durante años. Salir de esta horrible prisión no era una opción. Sin embargo, en lugar de albergar resentimiento y culpar a otros por su desgracia, él salió de esa prueba con una nueva perspectiva de la vida. ¿Cómo podía tener un mal día cuando una vez más la libertad se había hecho realidad para él? Galanti celebró la posibilidad de volver a ir de un lado a otro libremente, de entablar un diálogo humano y de respirar el aire fresco. Ahora, ¡eso sí es perspectiva!

¿Tienes que tomar una ruta particularmente complicada para ir a tu lugar de trabajo? ¡Al menos, tienes un auto y la libertad de conducirlo hacia donde quieras! ¿Está pasando por una negociación dificilísima con un cliente insufrible? Al menos, tienes un trabajo que te da la capacidad de encontrar más clientes. ¿Deseas ganar más dinero al final de cada mes? ¿Quién no? Sin embargo, al menos, ganas lo suficiente para satisfacer tus necesidades básicas. Sé que todos enfrentamos una montaña rusa todos los días, tanto en nuestro trabajo como en la vida familiar. De hecho, algunos días son mejores que otros. Pero, en lugar de quejarnos de lo que no tenemos, tratemos de sintonizarnos con el mensaje del comandante Galanti y apreciemos las libertades simples de las que tanto disfrutamos a diario.

Además, he visto a demasiadas personas ignorar la chapa de la puerta y construir su propio encarcelamiento autoimpuesto. Muchos se sienten atrapados en medio de sus supuestas debilidades y se dan por vencidos en su labor de alcanzar su verdadero potencial. A veces, prefieren sentarse a la orilla del camino que poner su corazón en alguna meta específica y arriesgarse a cumplirla así después fracasen. Crear excusas que justifiquen esta inacción hace más llevadero el fracaso. ¡No caigas en esta trampa! La realidad es que somos mucho más talentosos de lo que nunca sabremos. Si nadie nos detiene, ¿por qué detenernos a nosotros mismos? ¡Necesitamos entrar en acción! Quizá, fracasemos. Pero ese paso audaz que demos fuera de nuestro propio mundo nos dará una nueva perspectiva, junto con la autoconfianza necesaria para seguir avanzando.

Algunas personas no logran ver la chapa de su puerta, porque su profesión les brinda un cierto nivel de seguridad. Hace poco, un amigo me dijo que se siente miserable en su trabajo, pero que tiene que aguantar 15 años más para así recibir su pensión. ¡Son 15 años! Esa es una cadena perpetua si no nos sentimos realizados. No podemos sentarnos pasivamente y esperar que la pasarela móvil de la vida nos lleve a un destino predeterminado. Tenemos opciones, razón más que suficiente para aventurarnos y forjar nuestro propio camino hacia el éxito. Es imperioso creer que tenemos algo único que ofrecerle al mundo, así que no debemos tener miedo de dejar brillar nuestros talentos.

La chapa de la puerta está justo frente a nosotros. Lo único que tenemos que hacer es girarla y abrir la puerta que nos llevará a nuestra próxima gran aventura de la vida.

Un paraíso en el parqueadero de un CVS

Encuentra tu playa.
—Eslogan publicitario de Corona

A lo largo de la costa de Delaware, existe un restaurante tipo "playa", llamado Bethany Boathouse. Está ubicado cerca de un Holiday Inn Express, en el estacionamiento de un CVS. Está construido de tal forma que, desde su interior, le brinde al tráfico que pasa por la vía una opción atractiva y maravillosa para pasar un buen rato. Una vez entras a aquel lugar, te sientes, milagrosamente, como en un paraíso.

Cada noche, el bar ofrece música en vivo y bebidas isleñas que fluyen libremente, al vaivén de una brisa suave y constante. Allí, vas con tus buenos amigos y familiares y te distraes con las luces de neón, olvidándote del asfalto y de todo lo que hay allá afuera. En otras palabras, el ambiente y la inspiración provienen del interior del lugar.

Ese es un buen recordatorio para todos nosotros. Las mejores cosas de la vida provienen de nuestro interior. Amor. Motivación. Inspiración. Resiliencia. No importa lo que esté sucediendo en medio del caos que nos rodea. Tenemos que encontrar nuestro lugar feliz. ¡Nuestra playa interior! En nuestra vida laboral, todos estamos moliendo duro. Respondiendo propuestas y llamadas en frío bajo intensa presión. Preparándonos para hacer presentaciones frente a nuestros clientes en medio de oscuras salas de conferencias. Modificando nuestros planes de negocios, en silencio y encerrados en nuestra oficina. Enseñando en aulas de clase calurosas. Entrenando bajo la lluvia y la humedad.

A veces, la cantidad de trabajo que tenemos que realizar llega a ser abrumadora.

Se requiere de trabajo duro y de un enorme sacrificio. En el exterior, hay veces que el esfuerzo parece ser inútil. Pero no podemos simplemente trabajar en modo automático. De vez en cuando, tenemos que dar un paso atrás y evaluar por qué es que estamos trabajando tanto. *Debe ser porque le estamos brindando seguridad a nuestra familia. Porque estamos haciendo del mundo un lugar mejor. Porque estamos influyendo positivamente en las próximas generaciones.* Esa es nuestra música en vivo y esos son nuestros grandes amigos que hacen parte de nuestra fiesta interior. Estos motivos son los que nos sostendrán en tiempos difíciles. En esto consiste nuestra verdadera realización y nuestro verdadero propósito.

Sucede lo mismo en nuestra vida personal. El mundo exterior que nos rodea no siempre es fácil. A veces, nuestros hijos nos frustran. Es posible que nuestro cónyuge, novia o novio no aprecie, ni entienda nuestro punto de vista. A lo mejor, a nuestros amigos no parece importarles nuestra situación. En ocasiones, en nuestra familia se generan fricciones y estrés hasta por los asuntos más pequeños. Es decir, hay momentos en que sentimos como si estuviéramos luchando contra una profusa corriente de agresividad.

De modo que, necesitamos relajarnos. Nuestros hijos cometerán errores, pero piensa en toda la *alegría* que nos han dado a lo largo de los años. Nuestros seres queridos no estarán de acuerdo con nosotros, pero llegará el momento en que notaremos su compromiso con nuestras causas en común. Nuestros amigos tienen vida propia, pero siempre estarán ahí para nosotros cuando sea importante estar. Nuestra familia es nuestra familia. Frustrante a veces, ¡pero no hay familias sustitutas! No podemos dejar que nada de lo que ocurra a nuestro alrededor nos distraiga. Nuestra vida es mucho más hermosa cuando damos un paso atrás y miramos el cuadro de lejos para así revisar qué tan acertada es nuestra perspectiva. ¡Tenemos que centrarnos en nuestro propósito interior!

Es innegable que hay momentos en que todos llegamos a un punto de quiebre. Bien sea porque sentimos falta de aprecio en nuestro trabajo; falta de respeto al interior del hogar; presión financiera; tenemos problemas de salud y enfermedad; afrontamos serios problemas de pareja. A veces, parece que las cosas nunca funcionarán. ¿Cómo retomar entonces el equilibrio de nuestra vida?

No podemos ignorar las dificultades y pretender que no están sucediendo. Todos tenemos que lidiar con las realidades de nuestra vida cotidiana. La vida no siempre es una playa.

La resiliencia no consiste en buscar escapes, ni en crear fantasías. Tampoco es cuestión de repetir refranes y eslóganes trillados. La resiliencia tiene que ver con el hecho de tener perspectiva. Incluso en nuestros momentos más oscuros, no podemos dejarnos vencer, ni rendirnos. No podemos sucumbir a las pruebas y tribulaciones de nuestra vida cotidiana. Siempre hay una pizca de esperanza y esa esperanza es diferente para todos. Si no la encontramos enseguida, ¡tenemos que seguir buscándola!

Encontraremos nuestro propósito, nuestra esperanza y nuestra felicidad en cualquier lugar. No tiene que ser haciendo un viaje fantástico o en medio de una sofisticada cena. El propósito de nuestra vida no tiene que verse hermoso y perfecto en el exterior. No importa lo que el mundo vea. Tenemos que encontrarlo por nosotros mismos. Las mejores cosas de la vida están en nuestro interior.

A veces, podemos encontrar un paraíso en un parqueadero de un CVS.

Perfil de la resiliencia cotidiana en perspectiva: conoce al "Sr. Gen" Lefeged

Damas y caballeros, ¡conozcan al único e inigualable Gene, "el Sr. Gene", Legged! El Sr. Gene recibió un disparo en la pierna, sirviendo a su país en Vietnam. Estuvo desempleado y casi sin un centavo después de regresar a casa, así que comenzó a conducir un autobús en una escuela primaria católica local para sostenerse, llegar a fin de mes y poder pagar sus cuentas. Perseveró y prosperó en aquella escuela durante 44 años, dejando un increíble legado de bondad y compasión que influyó en toda una generación de estudiantes y profesores.

La historia de vida del Sr. Gene, al pie de la letra, es un sencillo ejemplo de perseverancia y lealtad. Sin embargo, mirando más profundamente las decisiones que él tomó y las vidas en las que tuvo un impacto positivo, el Sr. Gene nos brinda una perspectiva inspiradora y un modelo de resiliencia cotidiana.

El Sr. Gene es el menor de nueve hijos y creció en una casa modesta, pero llena de amor, en el vecindario de Escocia, en los suburbios de Washington, D.C. A los 19 años, fue reclutado para ir a la guerra y enviado al extranjero para servir en Vietnam. Una vez allí, el Sr. Gene se enfrentó de inmediato a un feroz tiroteo en el denso bosque del valle de Ankhe. Una bala le atravesó la pierna, pero, aun así, logró salir con vida e incluso les ayudó a algunos de sus compañeros de guerra a ponerse a salvo.

Tan pronto como se recuperó de la lesión, el Sr. Gene fue enviado de regreso al combate. Fue increíblemente afortunado al lograr evitar cualquier lesión adicional, pero la experiencia de sentirse como un blanco fácil lo afectó durante los siguientes años. Por fin, a la edad de 21 años, después de servirle diligentemente a su país, el Sr. Gene fue enviado a casa, a la que él esperaba que sería una vida productiva y próspera. Pero no hubo una bienvenida de héroe para muchos de los veteranos de Vietnam en esos días. Ridiculizado y menospreciado por su participación en la guerra, el Sr. Gene fue rechazado en docenas de trabajos. Ya se había gastado hasta su último centavo y estaba a punto de caer en un peligroso camino de depresión y resentimiento. Sin otro lugar al que recurrir, el Sr. Gene caminó dos millas desde el vecindario de Scotland hasta la escuela Mater Dei, una idílica escuela primaria católica ubicada en una colina, justo al lado de la carretera principal. Allí, conoció al Sr. Bob Barros, presidente, director y fundador de la escuela. Le pidió trabajo, pero él lo rechazó, aunque muy cortésmente.

Aquel fue otro golpe demoledor para el Sr. Gene. Así las cosas, a paso lento, comenzó a andar rumbo hacia una vida de trabajo pesado y de desesperación. Era evidente que se sentía enojado y más que frustrado. La guerra no había sido justa con él. El trato que recibía tampoco era justo. Su vida no había sido justa. Pero, a medida que su mente se precipitaba hacia pensamientos negativos y culpas, de repente, sintió una mano en su hombro.

"¡Hola, Gene!", le dijo el Sr. Barros, en tono afable. "¿Qué es exactamente lo que estás buscando?".

"¡Solo quiero que alguien me respete!", le respondió el Sr. Gene.

El Sr. Barros lo miró solemnemente a los ojos y bajó el tono de su voz a un susurro.

"Parece que has pasado por mucho, pero tienes que *ganarte* el respeto continuamente. Nadie te lo *dará* gratuitamente".

¡Aquel fue un mensaje tan simple, pero tan poderoso! De repente, el Sr. Gene sintió que le quitaron un enorme peso de sus hombros y, por primera vez desde que volvió a casa, sonrió. El Sr. Barros le devolvió la sonrisa.

"¿Sabes conducir autobús?", le preguntó.

"¡Mejor que nadie!", le respondió el Sr. Gene, mintiendo.

Al oír eso, el Sr. Barros le arrojó las llaves del bus escolar ¡y allí nació la legendaria carrera de Gene Lefeged! Durante los siguientes 44 años, el Sr. Gene realizó todos los trabajos imaginables en la escuela. Fue conductor de autobús, conserje jefe, director de edificios y terrenos, monitor de vehículos compartidos. Más importante aún, el Sr. Gene interactuó con los estudiantes y les prestó un oído comprensivo a sus problemas, junto con una palabra de aliento cuando los veía luchando para sobreponerse. Siempre se mantuvo positivo y les advertía a los estudiantes que no se tomaran a sí mismos demasiado en serio. Ellos lo amaban. Confiaban en él. Sin embargo, no siempre fue fácil para el Sr. Gene.

A lo largo de su carrera, el Sr. Gene tuvo que luchar contra su antigua herida de guerra, contra un devastador accidente que tuvo con un tractor y con una nueva guerra contra el alcoholismo que casi le cuesta su trabajo. Pero él no se dio por vencido. ¿Cómo podría? Mater Dei le había dado la oportunidad de prosperar y ganarse el respeto allí. Mater Dei era su hogar, así que él no decepcionaría a la escuela, ni tampoco a los chicos.

En su último día de trabajo, a la edad de 75 años, Mater Dei extendió su alfombra roja para el Sr. Gene. Una camioneta nueva lo esperaba en la entrada principal y, 44 años después de que el Sr. Barros le arrojara las llaves del autobús, el nuevo director, el Sr. Ned Williams, le arrojó las llaves de una camioneta nueva y reluciente. Aquel fue un gran momento para el Sr. Gene, pero eso fue lo segundo mejor que le pasó ese día. El mejor momento llegó poco después. Cuando subió a la camioneta, todo el cuerpo estudiantil comenzó a gritar su nombre al unísono y a todo pulmón:

"¡Gene! ¡Gene! ¡Gene!".

Una ola de emoción se desató en su interior y las lágrimas invadieron su rostro. En ese momento, el Sr. Gene se dio cuenta de que, a través de su resiliencia y perseverancia, ¡se había *ganado* con creces ese respeto que tanto anheló tener!

¿Qué significa esto para nosotros?

El viaje del Sr. Gene nos enseña mucho sobre nuestra propia vida. ¿Cuántos de nosotros sentimos que tenemos derecho al respeto y que no tenemos que ganárnoslo? ¿Cuántos de nosotros nos damos por vencidos y pasamos a pastos más verdes cuando enfrentamos adversidades en nuestro trabajo o en nuestra vida familiar? ¿Cuántos de nosotros todavía tenemos ese gran chip a cuestas y culpamos a otros por nuestros propios contratiempos y decepciones? ¿Cuántos de nosotros escuchamos a nuestros mentores y permanecemos abiertos al cambio? Y, por último, en esta época de adquisiciones corporativas y jubilaciones anticipadas forzadas, ¿cuántos de nosotros tendremos la oportunidad de derramar lágrimas de alegría en nuestra fiesta de jubilación?

El Sr. Gene nos muestra el camino a seguir. Sin embargo, somos nosotros quienes controlamos nuestro propio destino. Es a cada uno a quienes nos corresponde forjarnos nuestro propio camino y ganarnos el respeto de nuestros colegas y familiares. Debemos perseverar en esos momentos difíciles para tener la oportunidad de dejar un *legado duradero* en este mundo. El Sr. Gene es la persona jubilada más feliz y contenta que he conocido. Esa es su recompensa por haber llevado una vida positiva y resiliente.

Esa será también nuestra recompensa. ¡Esforcémonos! ¡Mantengámonos positivos! ¡Sigamos trabajando duro! ¡Tenemos que seguir haciendo de este mundo un lugar mejor! Hay gente que cree en nosotros, así que nuestros mejores momentos están por venir.

Pasión

*Ve tras tu pasión como si fuera
el último autobús de la noche.*
—Terri Guillemets

¡Bueno, *ese* sí que es un magnífico esfuerzo!

Las cosas buenas les llegan a los que esperan, pero quienes las dejan son aquellos que se esforzaron para dejarlas.
—**Abraham Lincoln**

Esfuerzo. Esta bien podría ser la palabra más grandiosa del idioma inglés. Esfuerzo son toda esa energía y arrojo puros que suelen asociarse con los deportes y los negocios. Hablar de esfuerzo es hablar de pasión. El esfuerzo muestra determinación. ¡Garra! Y, sí. ¡Esfuerzo también demuestra *resiliencia!*

No necesitamos talento para esforzarnos. Esto no tiene nada que ver con nuestra inteligencia innata, ni con una habilidad dada por Dios. ¡Cualquiera puede esforzarse! Es en la zona de esfuerzo donde suceden todas las cosas buenas. Se requiere de esfuerzo para ganar un partido de fútbol cuando el equipo va perdiendo por una diferencia de 30 puntos. Se requiere de esfuerzo para jugar a la defensiva en un partido de baloncesto. Hay que esforzarse para hacer un gol en un encuentro futbolero. En el mundo de los negocios, es necesario hacer un esfuerzo para quedarse hasta tarde, noche tras noche, con tal de asegurar el lanzamiento exitoso de un nuevo producto. Llegar temprano o quedarse hasta tarde para ayudarle a un estudiante con dificultades a encontrar su camino implica esfuerzo por parte del maestro. Volar el fin de semana para ver a un cliente que no puede vernos durante el horario comercial normal también implica esfuerzo.

Todas estas son pruebas fehacientes de que el esfuerzo es clave para lograr los objetivos del equipo.

Con demasiada frecuencia, el esfuerzo es la habilidad característica del héroe anónimo. En estos tiempos, el esfuerzo tiende a pasar desapercibido o a no ser reconocido. Todos quieren anotar el *touchdown*. Pero, ¿cuántos están dispuestos a hacer el esfuerzo necesario para allanarle el camino al equipo y que este tenga éxito? Todo el mundo quiere hacer la gran venta. Pero, ¿cuántos están dispuestos a hacer la investigación exhaustiva necesaria para comprender realmente las necesidades del cliente? En una cultura donde todos quieren ser héroes sin esforzarse, el éxito del equipo está destinado al fracaso.

Los grandes entrenadores entienden que, en el camino hacia la victoria, la suma de esfuerzos supera al talento puro. Es por eso que ellos recompensan y reconocen a aquellos jugadores que destilan esfuerzo y determinación. De la misma manera, los grandes gerentes entienden que, muy a menudo, es el esfuerzo el que lleva a sus equipos a alcanzar el éxito. Es por esto que contratan y ascienden a los empleados que anteponen las necesidades de la empresa a sus necesidades individuales y luchan con una visión de equipo. Esta es la actitud que construye una cultura de resiliencia basada en el concepto de esfuerzo en equipo.

El esfuerzo por sí solo no siempre trae consigo el éxito. Vivimos en un mundo orientado a la obtención de resultados y es muy frustrante cuando invertimos todo nuestro esfuerzo y nuestra pasión, pero no obtenemos los resultados positivos que esperamos tener. Esa frustración tiende a conducirnos a gran velocidad hacia la apatía y la indiferencia. ¿Por qué apresurarnos y esforzarnos si de todas maneras obtendremos los mismos resultados que cuando pasamos el rato tomando café o sentados en el sofá jugando videojuegos? ¿Por qué apresurarnos si nadie aprecia nuestro esfuerzo? Sin embargo, es en los momentos difíciles de fracaso e introspección cuando más nos beneficiará el esfuerzo que hagamos para superar cualquiera que sea la dificultad que estemos enfrentando.

Si queremos llevar una vida resiliente, lo ÚLTIMO que debemos hacer es dejar de esforzarnos. No es un error verter todo lo que tenemos en el logro de nuestros objetivos. En algún momento, nuestro esfuerzo, nuestra pasión y nuestro entusiasmo nos colocarán en el camino hacia el éxito. *Eventualmente,* nuestro esfuerzo y nuestra determinación producirán el reconocimiento y los resultados que tanto necesitamos para llevar una vida plena y equilibrada. Debemos seguir creyendo que nuestro esfuerzo marcará la diferencia; que este no garantizará el éxito, pero que es casi seguro que la falta de él sí nos garantizará el fracaso.

No podemos sentarnos y esperar a que el éxito nos llegue por sí solo. Necesitamos comenzar ya mismo a construir nuestra propia cultura personal de esfuerzo y pasión, manteniendo en todo momento la confianza de alcanzar nuestras metas incluso si nuestros esfuerzos no se traducen en un éxito inmediato. Pronto, nuestro esfuerzo será contagioso. Inspiraremos a otros a poner la misma cantidad de esfuerzo y entusiasmo en lo que hagan; les enseñaremos a creer que sus metas son alcanzables y a llevar una vida resiliente.

Dentro de todos nosotros existe la capacidad de esfuerzo. Necesitamos aprovecharla y dejar que sea el esfuerzo el que nos guíe incluso cuando nadie nos está mirando. Estamos destinados a dejar un legado de trabajo duro y pasión. ¡ESO sí es esfuerzo!

Haz mucho más que el esfuerzo mínimo indispensable

Avanza una milla extra. Luego, ve mil más. Jamás, alguien triunfó en la vida haciendo el esfuerzo mínimo.
—**Dan Waldschmidt**

Si examinamos con cuidado los rasgos comunes de cualquier líder transformacional, surge una constante: el esfuerzo. Muchos líderes son bendecidos con talentos naturales como visión, carisma e inteligencia. Pero el talento por sí solo no es suficiente para cambiar el mundo. Walt Disney fue un artista enormemente dotado y un visionario creativo. Pero su esfuerzo como repartidor de periódicos lo llevó a obtener su primera gran oportunidad para dibujar caricaturas. El resto es historia. Vince Lombardi tenía más carisma y habilidades de motivación que cualquier entrenador de su época. Pero, sin su decisión de asumir un trabajo adicional como entrenador, más allá de sus responsabilidades docentes diarias, es posible que nunca se hubiera convertido en una leyenda. Sam Walton tenía una comprensión innata de las necesidades del cliente y una increíble habilidad para los negocios. Pero es probable que nunca habría fundado Walmart si no hubiera corrido un gran riesgo financiero al abrir una segunda tienda en la que todo era a cinco centavos. Todos ellos llegaron a la cima con talento innato y con un potencial que los impulsaría a la fama. Sin embargo, ninguno habría tenido éxito si no hubiera hecho un trabajo adicional, ni se hubiera esforzado más allá de sus propios límites.

La mayoría de los seres humanos no nacemos con dones innatos increíbles, ni con tanto talento. Es por eso que necesitamos trabajar aún más duro y equilibrar aún más nuestra vida si queremos transitar por un camino de éxito y felicidad. Simplemente, no podemos darnos el lujo de hacer lo mínimo. Sin embargo, en nuestra vida laboral, ese es el camino que a veces elegimos recorrer. ¿Estamos esforzándonos por buscar formas innovadoras de hacer avanzar nuestro negocio? ¿O ya nos conformamos con mantenernos a flote? ¿Estamos interesados en examinar métodos alternativos que nos ayuden a conectarnos más efectivamente con nuestros estudiantes? ¿O memorizamos nuestras lecciones una y otra vez? ¿Nos salimos fuera de los límites, permanecemos cerca de la línea de gol o nos lanzamos hacia la zona de anotación? ¿Estudiamos 20 minutos para un examen y esperamos obtener una C? ¿O nos esforzamos, hacemos sacrificios y luchamos por conseguir esa A? ¿Trabajamos para hacer volar nuestras cifras de ventas o nos esforzamos al 100% y jugamos al golf por el resto del año? (Hmmm. ¡No respondas a esta última pregunta!) Pero, en serio, ¿cuándo hacer el esfuerzo mínimo se ha traducido en un éxito a largo plazo?

Desafortunadamente, esta mentalidad también afecta nuestra vida personal. Se nos vuelve normal volver a casa y entretenernos con videojuegos en lugar de leer un libro o de dedicarnos apasionadamente a investigar más sobre ese tema que tanto nos interesa. Nos parece bien holgazanear en lugar de hacer ejercicio. Está bien dejar los platos sucios en el lavaplatos y asumir que alguien más los lavará. ¿Suena eso a llevar una vida plena? No hay lugar a duda de que hacer lo mínimo es una receta para la mediocridad.

Y cuando la adversidad golpea a nuestra puerta, es aún más importante hacer más que el esfuerzo mínimo indispensable. Sin lugar a duda, para recuperarnos de un contratiempo necesitamos hacer un esfuerzo extra e imprimirle pasión a nuestra vida. Tristemente, la mayoría de la gente va en la dirección opuesta. Cuando las cosas van mal, muchos se dan por vencidos por completo. ¡Lo mínimo sería mantenernos a flote! Es en estos momentos difíciles cuando tenemos que trabajar *aún más* para volver a ponernos de pie. Poner a funcionar la resiliencia no es fácil, pero si actuamos con energía, entusiasmo y esfuerzo en los momentos de dificultad, esta actitud nos beneficiará en todos los aspectos de nuestra vida.

No estoy sugiriendo que debamos estar en modo "turbina" constante. No todos tenemos el mismo impulso. No todos tenemos los mismos niveles de energía. A veces, necesitamos un descanso. Sin embargo, sí es posible imprimirle esfuerzo a todo lo que hagamos. Todos tenemos la capacidad de empujarnos y avanzar más allá de nuestros límites. Todos podemos ir con pasión tras una meta y luchar para cumplirla. Con un poco más de esfuerzo, todos podemos hacer uso de nuestra capacidad de resiliencia.

Te contaré un pequeño secreto. De hecho, a lo largo de nuestra vida, todos podemos vivir haciendo el mínimo esfuerzo. No hay leyes que requieran de un esfuerzo extra de nuestra parte. Nadie nos va a obligar a ser apasionados. ¡Pero solo porque podamos, no significa que debamos! Si bien podemos sobrevivir haciendo lo mínimo indispensable, de ese modo no mejoraremos nuestra vida. No dominaremos nuevas habilidades. No construiremos relaciones significativas. No llegaremos a convertirnos en la mejor versión de nosotros mismos. Es posible que el esfuerzo no conduzca al éxito financiero, pero no hay duda de que nos conducirá a disfrutar de nuestra satisfacción personal. Más importante aún, en últimas, nos conducirá hacia la felicidad.

Tenemos mucho que ofrecer tanto en nuestro trabajo como en lo personal. Solo necesitamos ir más allá del mínimo indispensable en todos los aspectos que hacen parte de nuestra vida. ¡Hagamos que así sea!

La espada de doble filo de la pasión

Si pudiéramos vivir sin pasión, tal vez, conseguiríamos alguna clase de paz. Pero estaríamos vacíos. La pasión es la fuente de nuestros mejores momentos.
—Joss Whedon

No hay nada más satisfactorio en la vida que luchar con pasión para lograr nuestras metas y, en última instancia, para lograr tener éxito. Esa pasión nos impulsa en medio de los momentos difíciles y nos permite avanzar con júbilo por nuestro camino hacia la gloria. La pasión es una de las claves primordiales para llevar una vida resiliente. Hay innumerables ejemplos de emprendedores que han logrado que sus empresas lleguen a la cima, debido a la fuerza pura de su pasión. ¿Te imaginas el éxito de Apple sin Steve Jobs al frente de su equipo de producción? ¿O a Amazon prosperando sin la convicción de Jeff Bezos? Estos líderes no solo estaban/están tremendamente enfocados, sino que también eran/son apasionados por su negocio.

Lo mismo ocurre también en el mundo del deporte. Los jugadores más apasionados suelen ser los más motivados y exitosos. *Y también los más entretenidos.* Jimmy Connors no tuvo miedo de emocionarse en su camino hacia una excitante victoria en el US Open. Dennis Rodman no era el jugador de baloncesto más talentoso, pero su afán y pasión llevaron a sus compañeros de equipo a múltiples campeonatos. ¿Y quién puede olvidar a Lawrence Taylor causando estragos en el campo "como un perro enloquecido"? La pasión de estos líderes empresariales y de estas figuras deportivas los llevó a unos niveles de éxito increíbles en sus respectivos campos de acción e inspiró a toda una generación de estadounidenses.

Todos nos esforzamos por aprovechar ese mismo tipo de pasión en nuestra vida cotidiana, pero hay veces en que la pasión enfrenta inconvenientes. ¿Qué pasa cuando lanzamos una empresa con entusiasmo desenfrenado y esta no logra despegar? ¿Qué sucede cuando creemos fervientemente que haremos una venta y el negocio se desmorona ante nuestros ojos? ¿Qué hacer cuando salimos al campo apasionadamente y jugamos con todo lo que tenemos solo para perder en los momentos finales? Cuando no alcanzamos nuestros objetivos, es aún más difícil recuperarnos de la derrota. Dado que el fracaso no era una opción, ¿cómo recuperarnos cuando el resultado es el fracaso? Esta desilusión cobra un precio aún mayor en las personas más apasionadas. Ese mismo optimismo y esa pasión tan asombrosa que les permitieron a ellas la posibilidad del éxito se convierten casi de inmediato en desesperación, cuando surgen contratiempos importantes en el plan trazado. Entonces, ¿cómo recoger los pedazos cuando nuestros sueños (grandes o pequeños) se han hecho añicos?

La realidad es que, si bien respirar pasión y entusiasmo es un ingrediente fundamental para construir una vida exitosa, esto es en sí mismo una garantía de éxito. A veces, nuestra pasión y capacidad de ejecución están ahí, pero nuestro momento no es el adecuado. A veces, nuestra pasión está ahí, pero nos desviamos, debido a un obstáculo o a una lesión imprevista. Hay algunas cosas que, simplemente, no podemos controlar. Si bien el fracaso es devastador en el momento, piensa en lo trágico que sería si nunca hubiéramos intentado cumplir nuestro sueño. Es mucho más desgarrador *pensar* pasivamente en una gran idea de negocios que convertir esa idea en realidad y fracasar. No hay fracaso en el hecho de intentarlo, sino en nunca realizar lo que queremos realizar. ¿Cómo podemos esperar alcanzar la felicidad y el éxito si no vamos con pasión tras nuestras metas? ¿Cómo alcanzaremos nuestro potencial desde el sofá? Después de todo, el fracaso es solo una opción, pero, si vivimos nuestra vida *pasivamente* y sin pasión, ahí sí es seguro que fracasaremos.

¿Por qué no canalizar toda esa misma pasión que provoca la devastación que sentimos frente al fracaso en nuestra próxima gran aventura? El mundo ama a los audaces. Nuestra pasión es contagiosa y no hay duda de que contagiará a todos aquellos con quienes nos encontremos a lo largo de nuestro viaje. Está bien si no tenemos éxito al primer intento. Habrá otros planes por realizar. Habrá otros nuevos intentos. Habrá otras oportunidades para conseguir la victoria. La pasión inquebrantable nos hace invictos, pues, al final, la pasión siempre gana.

Tómate el tiempo para celebrar tus victorias (grandes y pequeñas)

Ce-le-bra los buenos tiempos. ¡Vamos!.
—**Kool and the Gang**

A manera de recordatorio sobre cómo celebrar, no necesitamos mirar más allá de las celebraciones de los juegos de campeonato de los principales eventos deportivos. Solo es cuestión de observar la exuberancia con la que se hace estallar el champán para los campeones de la Serie Mundial en las Grandes Ligas de Béisbol. Ver cómo disfruta la gente de los fervientes abrazos con todo y confeti entre los campeones universitarios de baloncesto en las Finales de la NCAA. La Copa Stanley, donde la euforia de los campeones de hockey en las finales de la NHL se desborda, es casi una locura. El mundo de Disney, celebrando el entusiasmo del jugador más exitoso del Super Tazón en el fútbol americano de la NFL, hace sus mejores galas. Estos son momentos que provocan una alegría pura y desenfrenada de los recién coronados campeones en sus respectivos deportes. ¿Acaso no podríamos todos beneficiarnos en nuestra propia vida de una celebración similar a esas?

De acuerdo, no todas las victorias son tan trascendentales y no todas las celebraciones merecen fuegos artificiales, confeti y un desfile de artistas. Pero hay muchas victorias que experimentamos en nuestra vida y es importante tomarnos el tiempo para recibirlas y celebrarlas. Cuando trabajamos duro, ponemos nuestra mente en una tarea y logramos nuestro objetivo, no debemos tener miedo de reconocer formalmente el esfuerzo invertido.

Obviamente, los eventos que cambian la vida, como obtener un ascenso importante, ganar un premio o un triunfo notable (aniversario, jubilación, graduación) ameritan una buena celebración a la antigua. Pero, ¿qué pasa con las victorias más pequeñas que logramos en el camino hacia nuestras metas más grandes? Una reunión clave en la que por fin nos ganamos la confianza de un cliente importante. Una excelente calificación en una prueba académica en la cual uno de nuestros hijos había tenido dificultades en la escuela. Finalizar un arreglo en casa que llevábamos posponiendo desde hacía meses. ¡Todos estos logros son dignos de reconocimiento, reflexión y, sí, hasta cierto punto, de celebración!

No estoy sugiriendo que organicemos un gran desfile de celebración cada vez que hagamos una taza de café y nos quede perfecta. Pero tomarnos el tiempo para celebrar los pequeños logros de la vida suele tener un impacto tremendamente positivo en nuestra actitud y en nuestra perspectiva.

Más allá del hecho de incrementar nuestra perspectiva y nuestra actitud, esta celebración es importante por dos razones adicionales. Primera, porque establecer metas y mantener el enfoque es fundamental para el éxito. Sin embargo, a veces, podemos perder la perspectiva cuando nos obsesionamos demasiado con una meta. Perseguir una meta importante es un viaje con muchos hitos en el camino. Ya sea que estemos iniciando nuestro propio negocio, administrando la cuenta de un gran cliente o criando a un hijo, la "línea de meta" puede ser turbia y la definición de éxito cambia constantemente. Si no nos tomamos el tiempo para celebrar las pequeñas victorias que logramos en el camino, terminaremos agotados y frustrados, de modo que, un poco de autorreconocimiento nos mantendrá frescos y enfocados en nuestro destino final.

La segunda razón para celebrar tiene que ver con el (ahora) familiar concepto de resiliencia cotidiana. Celebrar esos momentos en que suceda algo "bueno" nos permitirá perseverar y seguir adelante cuando suceda algo "malo". El sentimiento de logro, cuando se le da la debida importancia, se convierte en una fuerza mucho más poderosa que el sentimiento de fracaso. Alcanzar y celebrar nuestros logros genera en nosotros un estado eufórico y deseos de seguir adelante con nuestra vida durante momentos de dificultad. Por eso, quienes reconocen y aprecian la sensación de logro son mucho más resilientes y se recuperan mucho más rápido durante un contratiempo.

La vida no es un viaje fácil. Entonces, ¿por qué no tomarnos el tiempo para celebrar las victorias (tanto grandes como pequeñas) que vamos logrando en el camino? ¡Qué tal un buen apretón de manos con tu equipo de trabajo! ¡Gritar en voz alta en la sala de conferencias! ¡Tomarte el tiempo necesario para disfrutar de un buen masaje! ¡Ir por un helado! No importa cómo lo celebres. Solo hazlo. Estarás más fuerte que nunca cuando lleguen las nubes de tormenta. ¡Y volarás como un águila para enfrentar cualquier desafío!

Aprovecha tus minutos de juego al máximo

Todo lo que tenemos que decidir es qué hacer con el tiempo que nos sea concedido.
—J. R. R. Tolkien

En el primer año de mi hijo Justin en Georgetown Prep High School, tuve una larga conversación con él sobre uno de sus partidos de baloncesto. En retrospectiva, esta me parece una analogía perfecta para referirme a la resiliencia cotidiana en todos nosotros.

El objetivo de mi charla de motivación con él era asegurarme de que aprovechara los minutos que jugaría en la cancha:

A lo mejor, jugarás durante todo el juego. Quizá, solo juegues por un corto tiempo. El caso es que, sea como sea, ¡es fundamental que hagas que cada minuto cuente! No se trata solo de sumar puntos. Ve tras cada balón suelto. Desplázate por toda la cancha. Haz que tus compañeros de equipo sean mejores. Juega con pasión y entusiasmo contagiosos. ¡Esta es tu oportunidad! Puede que algunas veces pierdas el control del balón y que falles en tus primeros tiros al aro. Como sea, no pierdas tus minutos, enfurruñándote por tus errores. Más bien, avanza y concéntrate en la siguiente jugada. Tus minutos en la cancha son preciosos y no puedes desperdiciarlos pensando en lo que pudo ser y no fue.

Además, es posible que no obtengas tanto tiempo de juego como el que creas que mereces. Esos minutos en el banquillo TAMBIÉN cuentan. No arruines ese tiempo refunfuñando o, peor aún, cuestionando al entrenador, ni a los jugadores que están en la cancha. Más bien, inviértelo animando a todos tus compañeros de equipo, tanto a los que están en la cancha, como a los que están en la banca, generando una atmósfera positiva que catapulte al equipo hacia la victoria. Todos los jugadores del equipo son importantes. Cada uno podría marcar la diferencia entre ganar y perder. Sé tú ese jugador que inspira a los demás a avanzar hacia la victoria.

De la misma manera, debemos hacer que cada minuto de nuestra vida laboral cuente. No se trata solo de hacer la gran venta, de ganar el gran caso, de entrenar al deportista estrella o de conseguir a ese cliente soñado. Por supuesto, si eso sucede, ¡asegúrate de celebrarlo! Pero lo que en realidad importa es ese esfuerzo y ese entusiasmo que nos conducen a esos momentos. Necesitamos construir nuestro negocio sobre una base sólida, haciendo bien todas las pequeñas cosas y manteniendo esa actitud positiva tan productiva en todo. Solo así, inspiraremos a nuestros compañeros de trabajo a lograr más de lo que ellos mismos creían posible.

De ese modo, llegará el momento en que el equipo entero tomará nota y entonces, con la participación de todos, estableceremos una cultura empresarial ganadora. Sin embargo, es posible que las cosas no siempre salgan como queremos. Bien puede ocurrir que no nos tengan en cuenta para ese ascenso al que tanto aspiramos o que terminemos siendo marginados por un nuevo liderazgo. A veces, hay jefes que no reconocen de inmediato nuestros talentos, pero no podemos culpar a otros por ese tipo de situaciones. Más bien, invirtamos nuestro tiempo animando a nuestros compañeros de equipo y trabajando lo más duro posible hasta que la gente se dé cuenta de nuestro enorme potencial y, cuando menos lo esperemos, llegará ese momento de reconocimiento que tanto esperamos. El hecho es que, mientras nos mantengamos positivos y enfocados, nuestros talentos no permanecerán ocultos para siempre, sino frente a los ojos de los demás.

Pero incluso cuando tengamos nuestra oportunidad de brillar, es posible que las cosas no siempre nos salgan bien. La ilusión, el esfuerzo y una actitud positiva nos llevarán lejos en la vida, aunque sin olvidar que todos cometemos errores y que tenemos todas las tendencias mal calculadas. Todos hemos desaprovechado grandes oportunidades. Por eso, cuando la adversidad golpee a nuestra puerta, no podemos darnos el lujo de desperdiciar nuestro valioso tiempo pensando en nuestra desgracia. Todos necesitamos aprender de nuestros errores sin hacernos un ovillo y sin sentir lástima por nosotros mismos. Es vital que tengamos presente que el fracaso nunca es permanente. ¡La mejor manera de recuperarnos es a través de la acción! Trabaja para sobresalir en tu próximo gran examen. Trabaja para dominar tu próxima gran presentación. Trabaja para recuperarte con la próxima gran venta. Trabaja para conseguir el próximo gran cliente. Trabaja para dominar tu próximo mercado empresarial. Nunca recuperarás el tiempo que desperdicies tratando de cambiar el pasado. Entonces, avanza con ¡resiliencia! Sé la persona que inspira a los demás a conseguir la victoria.

Lo mismo sucede con todo lo que hacemos en nuestra vida. Solo tenemos cuatro años de escuela secundaria o de universidad. Solo tenemos 18 años hasta que nuestros hijos se van a la escuela o al ejército. Solo tenemos una cierta cantidad de tiempo para dejar nuestro legado. ¡Sé apasionado! ¡Mantente entusiasta! ¡Continúa esforzándote al máximo y conserva esa actitud positiva incluso cuando las cosas no salgan como esperas que salgan! Nunca sabremos con exactitud cómo será el juego, de modo que enfurruñarnos por el pasado no mejorará nuestra situación. Además, tenemos el poder de cambiar el futuro a través de nuestras acciones. Recuerda, solo tenemos una oportunidad en esta vida. ¡Tenemos que aprovechar al máximo todos y cada uno de nuestros minutos!

Ponte el uniforme con orgullo

*Las grandes cosas se hacen a través
de una serie de pequeñas cosas.*
—Vincent Van Gogh

Todos hemos escuchado la expresión "ponte tu uniforme con orgullo". Esta frase está más estrechamente asociada con el hecho de pertenecer al ejército y es la máxima manifestación de representar a una institución más grande que una sola persona. Los hombres y las mujeres que visten el uniforme militar defienden los más altos estándares del pueblo estadounidense y asumen la increíble responsabilidad que conlleva este uniforme.

Aunque nunca he tenido el privilegio de representar a nuestro país, reconozco lo que es el poder de enorgullecerse de un uniforme. El infante de marina, el jugador profesional de baloncesto y el bombero, por nombrar algunos, se ponen sus uniformes y en seguida se dedican a hacer su trabajo. Sus uniformes hacen que ellos se unan en torno a una causa en común y que se esfuercen por ese objetivo compartido, impulsado por el orgullo que les genera su sentido de pertenencia.

En esta cultura pop de admiración por hechos increíbles, estamos entrenados para centrarnos en todos esos momentos heroicos de alto perfil. Sin embargo, el infante de marina tiene que aprender disciplina, tendiendo su cama a la perfección, antes de salvar a su país de los terroristas. El jugador de baloncesto tiene que lanzar innumerables tiros libres durante sus prácticas, antes de anotar el tiro libre ganador frente a la televisión nacional. El bombero tiene que cambiarle el aceite al camión de bomberos, antes de precipitarse a entrar a un edificio en llamas para salvar a una familia. Las pequeñas cosas importan en la vida cotidiana de todos ellos y ellos deben enorgullecerse de todas esas pequeñas cosas que hacen.

De la misma manera, el vendedor tiene que hacer numerosas llamadas en frío, antes de conseguir la cuenta de ese cliente importante. El abogado tiene que presentar miles de mociones de rutina, antes de ganar un caso histórico. El padre tiene que llevar a su hijo a innumerables prácticas, antes de que ese niño logre tener éxito en el campo deportivo. La gente realiza pequeñas cosas todos los días, sin fanfarrias, sin la admiración de fanáticos que los ovacionen. Ese hecho de realizar estas tareas con orgullo hace en sí mismo que las personas sean *heroicas*.

Pero no todos usamos un "uniforme" y, a veces, no es fácil enorgullecernos de nuestra rutina diaria en el hogar o en nuestro lugar de trabajo. Las tareas cotidianas tienden a drenar nuestra motivación y a hacer que produzcamos un nivel de trabajo que no cumple con nuestros estándares más altos. *Llenar una hoja de cálculo. Limpiar la cocina. Corregir una propuesta.* Realizar tareas de este tipo no nos inspira y se convierten en un renglón más a tachar en nuestra lista de cosas por hacer, en lugar de un desafío más por conquistar y celebrar. Entonces, ¿cómo mantenernos resilientes?

Por simples y cotidianas que parezcan, estas tareas siguen siendo importantes, así como motivos por los cuales deberíamos enorgullecernos al realizarlas. Los grandes logros suelen ser el resultado de una serie de pequeñas tareas. Sin embargo, a menos que hagamos con orgullo esas tareas aparentemente insignificantes, es posible que nunca alcancemos ni el éxito, ni la felicidad que perseguimos.

Maplewood es una organización de fútbol juvenil ubicada a las afueras de Washington, D.C. Su eslogan es simple: "Hacerlo todo con orgullo importa". Enorgullecernos de realizar tareas "comunes y corrientes", como correr o bloquear al adversario, suele conducirnos a la obtención de grandes logros como equipo, tanto dentro como fuera de la cancha. ¡Lo mismo es cierto en la vida! Enorgullécete de cada pequeña tarea que realices en tu lugar de trabajo o en el entorno de tu vida personal. Admite que esas tareas son importantes. El viejo cliché de que "todo lo que vale la pena hacer, bien vale la pena hacerlo bien" no puede ser más cierto. Tanto el orgullo como el esfuerzo que le ponemos a cada tarea que hacemos son importantes. Incluso si esa tarea parece no conducirnos hacia un resultado muy grande, aun así, estamos representando a nuestra empresa, a nuestra familia o representándonos a nosotros mismos. Ese es nuestro uniforme.

Haz cada tarea, sea grande o pequeña, como si esta marcara una gran diferencia en el mundo. Podría ser así. *¡Hacer las cosas sintiendo orgullo de hacerlas sigue siendo importante!*

Cuidado con los débiles

No les temes a los débiles. ¡Es por eso que no sobrevivirás!
—**Spoon**

América ama las historias de los débiles que triunfan. De quienes superan todas las probabilidades que tenían para ser unos perdedores. De aquellos que logran mantenerte fuertes frente a adversidades insospechadas y de pie frente a sus detractores. La victoria de los débiles es un testimonio de voluntad pura y el tributo máximo a la resiliencia cotidiana. Kurt Warner estaba haciendo compras en Iowa la temporada anterior a llevar a los St. Louis Rams al título del Super Bowl. Buster Douglas enfrentó la remota posibilidad de 42 a 1, antes de sorprender al invicto Mike Tyson en quizás una de las mayores sorpresas de la historia del boxeo. Más allá del campo de los deportes, J. K. Rowling era una madre soltera y desempleada que se sentaba en los cafés a escribir, antes de que al fin le compraran su manuscrito y naciera el fenómeno de *Harry Potter*. Y Danny Larusso era un chico flaco de New Jersey, sin habilidades de lucha antes de derrotar a Johnny Lawrence y a todo el dojo Cobra Kai. (Me disculpo. ¡Tengo un no sé qué con las películas de la década de 1980!) Entonces, ¿qué se necesita para que un "débil" gane? Trabajo duro, perseverancia y, sí, ¡resiliencia!

Todos hemos sido débiles en algún momento de nuestra vida. Quizá, tuvimos que esforzarnos para lograr un ascenso, teniendo como adversario a un colega con mucha más experiencia que la nuestra. A lo mejor, lanzamos un concepto de ventas opuesto al de una empresa mucho más grande que la nuestra y con recursos aparentemente infinitos.

De pronto, comenzamos una empresa con una gran idea, pero sin respaldo financiero. Incluso, hasta nos atrevimos a ir tras ese chico o esa chica que estaba fuera de nuestro alcance. En otras palabras, alguien nos juzgó y decidió que nosotros no éramos los mejores para desempeñar ese cargo; que no debíamos ganar esa venta; que nuestra empresa debía fracasar y que ese chico o esa chica deberían estar con alguien muy superior a nosotros. Así las cosas, ¿cómo seguir avanzando a pesar de tan increíbles probabilidades de fracaso? Simplemente, *creyendo*.

Tenemos que creer en la empresa, tenemos que creer en el equipo y, lo más importante, tenemos que creer en nosotros mismos. No podemos aceptar las percepciones que otras personas tengan acerca de nosotros, subestimando el fuego y la pasión que arden en nuestro interior. No tenemos por qué escuchar a quienes subestiman nuestra fortaleza interior y nuestra hambre de éxito; en quienes demeritan nuestra capacidad de perseverar ante la adversidad. Nuestro estatus de débiles y desvalidos debe impulsar nuestra búsqueda de la grandeza y servir como catalizador para lograr nuestras metas en la vida. *¡Nobody puts Baby in a corner!* (Lo siento, no pude resistir hacer otra referencia a otra película de 1980).

Pero, ¿cómo mantenemos esa ventaja una vez que hemos logrado nuestros objetivos y alcanzado la cima del éxito? Es fácil relajarnos y disfrutar el grandioso momento en que les demostramos a quienes eran escépticos de nuestras habilidades que estaban equivocados. Es tentador disfrutar de la gloria de nuestros triunfos. Como ya hemos dicho, la clave de la felicidad está en tomarnos el tiempo necesario para celebrar nuestras victorias (¡tanto grandes como pequeñas!). ¡Esto no significa que nos durmamos demasiado en los laureles! Hay otro débil justo detrás de nosotros que está aún más hambriento de éxito, teniendo aún más que demostrar.

Casi llegando a mis 30 años de edad, trabajé en Creative Artists Agency, una agencia de talentos de Hollywood candente y reconocida, y un tanque de tiburones. En una ocasión, le pregunté a un joven socio que había ascendido a los cargos más altos de la agencia cómo se las arreglaba él para navegar por entre las traicioneras aguas políticas de Tinsel Town. Su respuesta fue: "Llegar a la cima fue fácil. Fue cuestión de trabajo duro y un poco de suerte. El verdadero desafío es mantenerte en la cima".

Así nos ocurre a todos. Debemos mantener nuestra ventaja. Avivar ese fuego en nuestro interior, sin importar la posición que ocupemos en la vida. Las circunstancias cambian de un momento a otro y tenemos que estar preparados para las victorias y los fracasos que encontramos a lo largo del camino. *La vida se mueve bastante rápido. Si no nos detenemos y miramos de vez en cuando a nuestro alrededor, podríamos perder muchas oportunidades de triunfo.* ¡Tira la bandera! (¡Prometo que esta será mi última referencia cinematográfica de los 80!).

Tenemos el control de nuestro éxito y de nuestra felicidad. Habrá momentos en que nadie crea en nosotros. Habrá momentos en que nos sintamos cortos ante posibilidades increíbles. Habrá momentos en que las circunstancias estén en nuestra contra y el éxito nos parezca inalcanzable. Sin embargo, ¡todos tenemos la capacidad de construir nuestro propio futuro triunfante! Mantente fuerte. Sé resiliente. Y, lo más importante, ten cuidado con los débiles. ¡Porque el débil serás TÚ!

Cuando se trata de dejar un legado, ¡piensa en pequeño!

> *La verdadera prueba del carácter de una persona*
> *es lo que ella hace cuando nadie la está mirando.*
> —John Wooden

Cuando contemplamos a aquellas personas que dejaron un gran legado en este mundo tendemos a pensar a gran escala. Michael Jordan dejó un legado de tanta grandeza en la cancha de baloncesto que este probablemente nunca será igualado. Ray Kroc dejó un legado de perseverancia y visión al convertir a McDonald's en la marca estadounidense más icónica del planeta. Marie Curie dejó un legado de innovación e investigación de vanguardia en su camino a reclamar dos Premio Nobel, tanto de química como de física. Podría seguir y seguir citando ejemplos de imponentes pioneros deportivos, empresariales y científicos que han alcanzado un estatus legendario. Sus legados son más grandes que la vida y por eso merecen todos los elogios y el respeto que les damos.

Pero, ¿qué hay con respecto a nuestro legado? Nosotros también vertimos nuestra alma en nuestro oficio y avanzamos día tras día. También superamos obstáculos y nos mantenemos positivos frente a adversidades increíbles. Pero, ¿alguien recordará nuestras contribuciones cuando todo en nuestra vida esté dicho y hecho? La realidad es que muchos de nosotros nunca tendremos nuestra estatua erigida en un parque público y que nuestras biografías no serán escritas por un profesional de las letras. Es posible que nunca ganemos un campeonato profesional, que nunca nos llevemos a casa un Premio Nobel o que obtengamos un Oscar. Pero nuestro trabajo, nuestros sueños y nuestras relaciones no son menos importantes.

Como líderes, queremos imprimirles el máximo valor a nuestros resultados finales. Sin embargo, nuestro legado se medirá por nuestra capacidad de inspirar al miembro más débil de nuestro equipo. Como entrenadores, nuestras metas competitivas y nuestro deseo de ganar están por encima de todo. Pero nuestro legado se medirá por nuestra capacidad para ayudar al jugador *menos* fuerte a maximizar su potencial. Como maestros, queremos preparar a nuestros estudiantes para que tengan éxito en la vida al máximo nivel. Pero construiremos nuestro legado, pasando más tiempo con el estudiante que más lucha en el campo académico. Como padres, queremos mantener seguros a nuestros hijos e impulsarlos hacia el camino del éxito. Pero nuestro legado se medirá por nuestra capacidad de amarlos incluso en los momentos más oscuros.

La mayoría de los legados no se construyen bajo los reflectores que más alumbran o en el escenario más grande. Se construyen a lo largo de conversaciones tranquilas, de reflexiones sabias y de actos desinteresados de empatía. Se construyen a través de relaciones sólidas, de lealtad y de confianza inquebrantable. No necesitamos ganar un premio para construir un legado. Solo necesitamos demostrar que realmente nos importa lo que hacemos.

A medida que envejecemos, tendemos a volvernos más filosóficos. ¿Qué dirá la gente de nosotros en nuestro funeral? ¿Qué hemos hecho para cambiar el mundo? ¿Sí habremos marcado una diferencia? *¡Deja de preocuparte tanto!* Cada vez que ayudamos a alguien en un momento difícil, estamos dejando nuestro legado. Cada vez que animamos a alguien a perseguir su sueño, dejamos nuestro legado. Cada vez que luchamos en nombre de otra persona, hemos dejado un legado. Nuestro legado está creciendo cada día de maneras que ni siquiera nosotros mismos nos damos cuenta. Si nuestra pasión y nuestra capacidad de inspirar impactan así sea a una sola persona, habremos hecho de este mundo un lugar mejor.

Entonces, ¿qué tiene que ver todo esto con la resiliencia cotidiana? Si fallamos en levantarnos y seguir adelante, posiblemente, no podremos ayudarles a otros con sus metas y sueños. Hay un efecto en cascada que impacta de manera negativa a todos aquellos que hacen parte de nuestro círculo íntimo. Por esta razón, mantenernos resilientes nos da un propósito de vida y nos permite construir nuestro legado a nivel local. Puede que no escribamos la más famosa de las novelas y que no curemos el cáncer, pero nuestra energía positiva y nuestro interés genuino influirán en todos aquellos que nos rodean. Inspiraremos a nuestra familia, a nuestros compañeros de trabajo y a nuestros amigos. Así, ellos sabrán cuánto nos interesan.

¿Habrá legado mejor que ese?

Es cuestión de equilibrio, ritmo y paciencia

Ten cuidado de no permitir que un aspecto de tu vida te consuma tanto que descuides los demás.
—**Entrenador Mike Krzyzewski**

Hace unos años, estaba jugando al golf con tres viejos amigos y, sin darme cuenta, me encontré de frente con otra valiosa lección sobre la resiliencia diaria.

Después de marcar el que *pensé* que era mi primer golpe brillante del día (un acercamiento ciego, con pata de perro inclinado a la derecha), caminé hacia la bola en el medio del campo y me preparé para mi segundo golpe. Pero, cuando miré más de cerca, noté tres iniciales en la pelota marcadas en negrita: **B.R.P.** Claramente, este no fue mi golpe de salida "brillante". (Para aquellos de ustedes que llevan la cuenta en casa, ¡mi pelota en realidad estaba muy, muy *dentro* del bosque!) De todos modos, cuando mi amigo se acercó, le pregunté sobre la ubicación distintiva de las iniciales **B.R.P.** De manera muy calmada, él me explicó el significado:

> "**Balance. Ritmo. Paciencia.** Yo escribo eso en cada pelota de golf. Esa es la clave para lograr una ronda exitosa".

Al escucharlo, me pareció que ese era un mantra perfecto para relajarme y conservar la calma en el campo de golf. También me pareció un recordatorio aún más apropiado de que es necesario esforzarnos para mantener el equilibrio, el ritmo y la paciencia en nuestra vida profesional y personal.

Si no tenemos cuidado, nuestra vida laboral podría perder el equilibrio en un solo instante. A lo mejor, nos esforzamos maniáticamente en nuestro lugar de trabajo incluso a expensas de nuestra salud y de nuestra vida familiar. Eso no es equilibrio. También puede ocurrir que nos centremos única y estrictamente en un cliente o miembro del equipo o en un estudiante o en un jugador a expensas de los demás. Poner todos nuestros huevos en una sola canasta es un enfoque arriesgado y, a menudo, ineficaz. ¡Eso no es equilibrio! Para tener éxito, debemos trabajar duro y volcar nuestra alma en la tarea que tenemos entre manos. Pero debemos adoptar un enfoque equilibrado si queremos mantener el éxito alcanzado a largo plazo. Establecer un ritmo y una rutina formales en nuestra vida laboral nos ayudará a mantenernos productivos y prósperos, sin correr el riesgo de sufrir de agotamiento y pérdida de concentración. Este enfoque requerirá disciplina y paciencia. No tendremos éxito de la noche a la mañana. ¡Pero la vida es una maratón, no una carrera de velocidad! Quizá, tengamos que enfrentar varios fracasos y rechazos antes de que logremos tomar el camino correcto. Si somos jóvenes, llegaremos allí. Si somos mayores, nunca es demasiado tarde. El hecho es que debemos mantener nuestro equilibrio. Es crucial establecer un ritmo cómodo. Y, sobre todo, necesitamos ser pacientes. Nuestros mejores momentos están por llegar.

Lo mismo es cierto en nuestra vida personal. ¿Somos demasiado sociales y no les estamos dedicando suficiente tiempo a nuestros estudios o al trabajo? ¿Pasamos demasiado tiempo en casa aislados en lugar de salir a estirarnos un poco y a aprovechar para establecer nuevas relaciones? Se requerirá de un gran esfuerzo de nuestra parte, pero es fundamental esforzarnos de manera consciente por mantener un equilibrio saludable entre prioridades contrapuestas. Si hacemos el esfuerzo de establecer un ritmo y una rutina sólidos a pesar del caos, al final, todo saldrá bien. Lo cierto es que la máxima satisfacción en nuestra vida personal requiere de nuestra paciencia. Habrá aspectos en que giraremos demasiado a la derecha o demasiado a la izquierda. Eso está bien. El equilibrio y el ritmo estarán en constante cambio a lo largo del camino. Es por eso que debemos ser pacientes y seguir trabajando, pero sin dejar de evaluar en dónde es necesario hacer ajustes.

Esto es especialmente cierto cuando sufrimos un contratiempo. Cuando las cosas se desequilibran tanto, las dificultades son inevitables. Nadie puede escapar de las duras realidades que a menudo ocurren en la vida. Pero, si queremos mantenernos resistentes y recuperarnos de estos percances, debemos ser pacientes. No podemos revolcarnos en nuestra miseria, ni tampoco esperar recuperarnos de inmediato. La resiliencia requiere tanto de la disciplina necesaria para analizar por qué fallamos como del coraje para *seguir adelante* a pesar del dolor. Esto llevará tiempo. Todo el mundo enfrenta algún tipo de lucha. No estamos solos, así que mantengámonos pacientes. Recuperaremos el ritmo de las cosas. Nuestra vida se tambaleará, pero recuperaremos el equilibrio. No nos quedaremos derrotados para siempre.

Balance. Ritmo. Paciencia. Esta es la clave para tener una ronda exitosa de golf. Es la clave para que los jóvenes se establezcan en este mundo. Es la clave para que los mayores construyan y mantengan su legado. Y lo más importante para nuestro viaje, es la clave para que todos disfrutemos de una vida apasionada, haciendo uso diario de nuestra capacidad de resiliencia.

¡Tú mismo eres tu mejor o peor colaborador!

No nos van a DAR nada.
¡Tenemos que salir y TOMÁRNOSLO!
—**Entrenador Jim Fegan**

Últimamente, se ha debatido mucho sobre el valor intrínseco de las dádivas a los necesitados. Algunos argumentan que es nuestra obligación, sobre todo, si hemos tenido éxito, devolverle a la vida, ayudándoles a los menos favorecidos en forma de alimentos, ropa y otras donaciones. Otros argumentan que ayudarles es bueno en sí mismo, pero que dar regalos sin condiciones no contribuye a la autosuficiencia y más bien perpetúa los ciclos de pobreza. Este es un debate antiguo, así que nuestra perspectiva podría verse influenciada por nuestra corriente política, por nuestra situación económica individual y por nuestro nivel de educación. El caso es que, sea a donde sea que pertenezcamos en este espectro, todos estaremos de acuerdo en que sentarnos de brazos cruzados no contribuye a mejorar este mundo. Pero, por irónico que sea, cuando se trata de mejorar nuestra propia vida, muchos de nosotros nos sentamos y esperamos pasivamente a que nos llegue ayuda. Lo cierto es que, si queremos avanzar, es fundamental entrar en acción. ¡No hay mejor ayuda que esa!

Todos nos quedamos estancados en alguna parte del camino. Todos experimentamos una crisis de fe que nos lleva a cuestionar nuestro lugar en el mundo. Quizás, hay momentos en que perdemos la confianza en nuestra capacidad para ejecutar nuestro trabajo. Tal vez, ya no creemos en cierta causa que habíamos defendido a lo largo de nuestra vida. A lo mejor, sentimos que no estamos maximizando a diario el potencial que Dios nos ha dado. En estos tiempos, es difícil buscar dentro de nosotros mismos las respuestas correctas. Culpar a los demás se convierte en la salida más fácil: si mi empresa me pagara más capacitaciones, entonces, sí sería más eficaz en mi trabajo. Si no tuviera todas estas obligaciones familiares, ahí sí sería más productivo en mi trabajo. También decimos lo contrario: si no tuviera todas estas tareas sin sentido en el trabajo, pasaría más tiempo de calidad con mi familia.

La naturaleza humana gravita con frecuencia hacia las excusas y evita la rendición de cuentas. Lo cierto es que somos nosotros quienes tenemos las llaves de nuestro éxito y de nuestra felicidad. Tenemos que invertir en nuestra propia formación. Necesitamos programar nuestras tareas laborales en torno a las obligaciones familiares. Necesitamos responsabilizarnos de nuestros propios errores. Nuestros problemas son nuestros problemas. Nadie más los va a resolver por nosotros. ¡No tenemos escapatoria!

Esto es especialmente cierto cuando sufrimos un contratiempo. ¿Quién nos ayudará cuando sintamos apatía en nuestra área laboral? ¿O en el momento en que entremos en una etapa de estancamiento? ¿O el día que perdamos nuestro trabajo o nos atrasemos en el pago de nuestra hipoteca? Si hemos construido una vida equilibrada y centrada en el mundo exterior, deberíamos tener una red cercana de amigos y familiares que nos brinden seguridad. La ayuda financiera, el apoyo emocional y la guía espiritual son absolutamente fundamentales durante los tiempos difíciles. Todo este tipo de alivio es la base de la vida y, simplemente, no podríamos continuar sin ello.

Sin embargo, a pesar de lo valioso que es este apoyo en momentos de necesidad, no es una medicina para arreglar todo lo que esté mal en nuestra vida. En última instancia, somos nosotros mismos quienes tenemos que asumir la responsabilidad de resolver nuestros propios problemas. Tenemos que encontrar significado y propósito en nuestra vida laboral. Es esencial profundizar para redescubrir la pasión en nuestra vida hogareña. Es vital organizarnos y cumplir con nuestras obligaciones financieras. La resiliencia nace de las luchas y los contratiempos. Pero nadie puede ser resiliente por nosotros. ¡No hay manera de que así sea!

Así, es evidente que estamos destinados a hacer grandes cosas con nuestra vida. Es hora de tomar el control de nuestro destino y maximizar nuestro potencial. Necesitamos atacar nuestros problemas; perseguir nuestras metas con obstinado entusiasmo; desempeñar un papel activo en nuestra propia vida. ¡Además, nunca tenemos por qué disculparnos por nuestro entusiasmo! Habrá veces en que fallaremos estruendosa y rotundamente. Pero, si nos mantenemos positivos y resilientes, y seguimos avanzando, llegará el momento en que alcanzaremos metas que nunca creímos posible alcanzar. Nadie va a vivir nuestra vida por nosotros. ¡Ni de riesgos!

Vivir asustados NO es una opción

Tener coraje es estar muerto de miedo...
pero aun así ensillar tu caballo.
—John Wayne

Todos hemos tenido miedo de alguien o de algo en algún momento de nuestra vida. *De los tiburones. De los payasos. De los zombis. De los ventiladores de techo.* Podríamos pasar todo el día explorando nuestra propia lista personal de temores. El miedo es una emoción humana poderosa que tiene la capacidad de paralizar hasta al más valiente. No hay vergüenza en experimentar este sentimiento, ya que no faltan experiencias aterradoras en este mundo. Por lo general, este tipo de miedo es temporal y desaparece una vez que pasa el alza inicial de adrenalina. Pero el miedo al fracaso es un asunto 100% diferente. Este tipo de miedo tiende a causar una parálisis permanente en nuestra psique y descarrilarnos de alcanzar nuestro verdadero potencial. Si queremos llevar una vida resiliente, es imperioso superar este miedo innato al fracaso.

En los deportes, jugar con confianza es jugar para ganar. Sin embargo, la falta de confianza puede triunfar sobre la destreza atlética. El corredor que tiene miedo de lastimarse caminará de puntillas hacia la línea y se tropezará fácilmente. El jugador de béisbol que tiene miedo de hacer un swing casi siempre se poncha. En los negocios, el miedo al fracaso conduce a la inacción, lo cual hace tambalear y caer incluso al ejecutivo más talentoso. Una vez que un gerente deja de correr riesgos o se niega por completo a tomar una postura ante alguna dificultad, su camino al éxito se convierte en una quimera. Esta parálisis es una causa poderosa por la cual las personas nunca saldrán de entre la manada, ni alcanzarán su potencial personal y financiero.

El miedo al fracaso también afecta nuestra vida personal. En nuestras relaciones, esta clase de miedo tiende a sofocar la comunicación o a evitar que se construya una relación. Expresar nuestras emociones e invitar a salir a alguien que nos agrada suele ser una limitación insoportable si tenemos miedo a fracasar. A menudo, este miedo conduce a una vida solitaria y desprovista de emociones. En casi todos los casos, la inacción por miedo al fracaso es una profecía autocumplida. No es posible alcanzar la felicidad si no expresamos confianza y atacamos nuestros miedos a través de la acción.

Si un jugador de fútbol recorre la cancha con confianza, aun así, existe la posibilidad de que se lastime. Sin embargo, es mucho más probable que se sobreponga al dolor y avance con la pelota rumbo a la meta. Si un jugador de béisbol hace un *swing*, podría poncharse. Pero nunca conectará un jonrón con el bate apoyado en el hombro. El ejecutivo de negocios emprendedor puede recibir un gran golpe en los ingresos al explorar una oportunidad de mercado tangencial. Pero "mantener el rumbo" en un mercado a la baja no tiene ninguna posibilidad de lograr el crecimiento del negocio. Decir "te amo" y escuchar un rechazo al otro lado es sin duda devastador. ¡Pero es mejor que te pisoteen de una vez el corazón a que este se marchite lentamente y en silencio!

Hasta las personas más seguras de sí mismas tienen sus momentos de duda. Esa es una parte natural de la experiencia humana. Sin embargo, es posible desarrollar autoconfianza, tomando medidas *activamente*, con el propósito específico de avanzar en nuestras metas. Y aunque las cosas no nos funcionen como esperábamos, aun así, habremos demostrado que el miedo nunca nos paralizará, ni se apoderará de nuestras emociones. ¡Y esta verdad tan reconfortante nos ayudará a llevar una vida llena de confianza y acción!

Todos fallaremos. Todos sufriremos algún tipo de derrota. Pero, si sufrimos esa pérdida y la superamos a toda velocidad, no tendremos nada que temer. Nuestra vida no estará definida por la cantidad de grandes momentos frente a la cantidad de momentos oscuros. Mucho en la vida está fuera de nuestro control, pero lo que sí podemos controlar es nuestro *esfuerzo*. Podemos controlar nuestra *actitud*. En última instancia, lo que en verdad nos definirá es nuestra capacidad para superar las circunstancias difíciles y avanzar activamente. ¡Esa es la *resiliencia* de la cual echamos mano todos los días!

Por lo tanto, ¡ensilla tu caballo! ¡Haz todo lo posible por proseguir tu camino y no temas nada! Al final, el único fracaso en la vida es aquel que sentimos al intentar *superar* nuestro miedo al fracaso y no superarlo.

¡Vivir asustados NO es una opción!

Deja salir lo que hay en tu corazón

Las calcomanías no cambian el mundo.
Encuentra tu propio sentir y manifiéstalo.
—Todd Henry

Lo único con lo que puedes contar en el área de Washington, D.C, es con el tráfico. La congestión a lo largo de las principales arterias viales en y alrededor de la capital de nuestra nación es tan inevitable como la muerte y los impuestos. Habiendo conducido durante años, he tenido demasiado tiempo para leer innumerables calcomanías en los parachoques de los autos, mientras he estado atrapado en el tráfico. Las calcomanías hacen referencia a determinada afiliación política, al orgullo de pertenecer a cierta entidad escolar, a alguna denominación religiosa; hablan de lealtad deportiva; de dinámicas familiares. Aprendes mucho sobre un conductor, prestándoles atención a las calcomanías que él exhibe en el parachoques de su auto.

Es indudable que las redes sociales permiten una comunicación abierta a una audiencia potencialmente masiva. Pero este medio de la vieja escuela del espacio publicitario en el parachoques de nuestro automóvil es quizás el método de comunicación más directo en la sociedad actual. ¿Dónde más podemos aprender en un solo instante que la persona que va adelante de nosotros en el tráfico tiene dos hijos y un perro, apoya a los Redskins, vacaciona en los Outer Banks, corre maratones, defiende la paz y ama a Jesús? Independiente de cómo nos sintamos acerca de sus diversas afiliaciones, debemos darles a estas personas algo de crédito. ¡No tienen miedo de exponerse!

¿No sería bueno que más de nosotros hiciéramos eso en nuestra propia vida? En el trabajo, ¿cuántas veces hemos preferido tragar entero y seguir la visión de la empresa incluso si esta está en conflicto con nuestros puntos de vista personales? ¿Cuántas veces hemos callado nuestras propias ideas por miedo al rechazo de un jefe? ¿Cuántas veces hemos disimulado nuestro entusiasmo en frente al cliente para parecer más "corporativos"?

Hay un momento y un lugar para todo, y no tenemos que exagerar. A veces, tenemos que alinearnos y poner buena cara frente a nuestros socios o compañeros de trabajo. A veces, nuestras ideas necesitan pasar a un segundo plano por el momento para dejar que otra idea germine. A veces, necesitamos manejar con cuidado nuestras emociones en medio de un escenario de ventas. ¡Pero este no debería ser el procedimiento operativo estándar!

Necesitamos expresar nuestras ideas. No podemos ponerle grilletes a nuestra pasión. Nadie nos va a culpar por mostrar un interés increíble y expresar nuestras emociones. Incluso si la ejecución es un poco deficiente, el entusiasmo y la pasión compensarán cualquier deficiencia táctica. No hay por qué tener miedo de dejar que nuestra "voz exterior" supere a nuestra "voz interior". Como dijo Walt Whitman con tanta elocuencia (en *Dead Poet's Society*), "¡Haré sonar mi decidido grito de guerra sobre los tejados del mundo!". Que ese grito de guerra sea una fuerza positiva en tu vida. Exprésalo con entusiasmo y no dejes que nadie te calle.

Imagina a Dave Grohl conteniendo su voz. O a Tony Robbins caminando sonámbulo durante un seminario. O a Samuel Jackson aturdido en medio de una actuación dramática. Hay personas que dejan que sus emociones brillen en todo lo que hacen y marcan así la diferencia. No estoy sugiriendo que necesitemos lanzar fuego y azufre en todos los aspectos de nuestra vida. No todo el mundo es ese tipo de persona (y eso es bueno). Pero tenemos que ser fieles a nuestra propia voz. No hay razón para sofocar nuestras ideas siempre. A veces, necesitamos sacudirnos y sentirnos vivos.

Si vamos a llevar una vida resiliente, hay momentos en los que tenemos que mirarnos de cerca en el espejo. ¿Cómo puedo recuperarme de mi derrota? ¿Cómo puedo construir relaciones duraderas? ¿Cómo puedo sentirme mejor acerca de mis contribuciones a este mundo? La mayoría de las veces, todo se reduce a la emoción y el entusiasmo. Necesitamos volcar nuestra alma en todo lo que hacemos. Seamos un brillante ejemplo de pasión y mostremos convicción en todas nuestras acciones. No hay nada de reprochable en vivir una vida genuina, llena de pasión y expresividad. Al fin de cuentas, es nuestra verdadera voz la que nos dará la victoria.

No tengamos miedo de poner nuestro corazón en evidencia y quedar expuestos.

¡Métete! ¡El agua está perfecta!

La acción no siempre trae consigo felicidad,
pero no hay felicidad sin acción.
—Benjamin Disraeli

Para algunas personas, meterse a la piscina es un asunto dramático y prolongado. Hay quienes meten solo la punta del pie y lo vuelven a sacar. Luego, se echan un poco de agua en las piernas y se secan con su toalla. Luego, "audazmente", meten todo el pie bajo el agua. Luego, se echan un poco más de agua en la espalda y comienzan a meterse lentamente. Al fin, una eternidad después, sumergen la cabeza bajo el agua hasta que, poco a poco, realizan el ritual de su ingreso oficial a la piscina. Quizás, esta sea una buena estrategia para meterse al agua fría. Pero, cuando se trata de perseguir nuestros sueños y explorar cuál es nuestra pasión en la vida, ¡tenemos que dar el salto!

En los negocios, queremos crear una estrategia de ventas innovadora o descubrir un nuevo mercado objetivo. La idea nos parece genial en el papel, así que la comentamos en las reuniones de equipo y la discutimos en grupos focales. La cuestión es que, si nunca ponemos en práctica esta idea o estrategia, simplemente, estamos chapoteando en el agua. Podemos soñar aún más y pensar en la posibilidad de comenzar nuestra propia empresa. Entonces, hacemos la investigación de campo y monitoreamos el panorama comercial para comprender el mercado potencial. Todo esto es prudente. ¡Pero llegará el momento en que tengamos que lanzar toda precaución al viento y sumergirnos de lleno! Si somos demasiado medidos y cuidadosos, la oportunidad podría desvanecerse a medida que avanzamos en modo lento.

¿Cómo nos daremos cuenta de nuestro potencial si pasamos el día sumergiendo solo los dedos de los pies en el agua? Si vamos a tener éxito, debemos pasar rápidamente de la teoría a la acción. Solo tenemos una ventana finita para ejercer nuestro impacto en este mundo. ¡Anímate y haz que suceda!

Lo mismo puede ser cierto en nuestra vida personal. Es importante planificar y pensar y soñar. Este es un ejercicio catártico y (como beneficio adicional) nos separa de los simios. Pero al final, tenemos que entrar en acción. ¿Estás soñando con tocar la guitarra? Deja de "pretender" que la tocas en tu raqueta de tenis y ve a tomar una lección. ¿Estás pensando invitar a salir a alguien? Si esperas el momento justo, alguien más se te adelantará. ¿Estás añorando decirle a esa persona que la amas? Si no se lo dices, esa persona nunca lo sabrá. ¿Has tenido la intención de correr en una maratón? Escuchar el tema musical de *Rocky* no te llevará a cruzar esa línea de meta. Es decir, sea lo que sea que añoras hacer, entra en acción.

Si queremos alcanzar nuestras metas y llevar una vida plena, ¡debemos *actuar* de acuerdo con nuestros pensamientos, planes y sueños! La temperatura del agua nunca será la ideal. El momento nunca va a ser perfecto. Tenemos una ventana de oportunidad para cada meta en nuestra vida. Si no nos lanzamos de inmediato, podríamos perder nuestra oportunidad. Así que no podemos tener miedo de *sumergirnos* y construir nuestro propio legado.

Pero, ¿qué pasa si saltamos y el agua está helada? Pareceremos tontos, temblando en lo profundo y saltando frenéticamente, en busca de nuestra toalla. Este es un riesgo legítimo que hay que correr y el resultado quizá sea incómodo. Pero aquí es donde entra en juego nuestra resiliencia.

Existe la posibilidad de que al iniciar un negocio al final, fracasemos. Pero hay un dicho en el mundo de las empresas emergentes que afirma que, si vas a fracasar, *¡fracasa de una vez por todas!* Esa experiencia nos permitirá aprender y pasar rápidamente a la siguiente empresa que sí nos resultará exitosa. También podríamos intentar aprender a tocar un instrumento musical y descubrir que no tenemos talento. En ese caso, por lo menos, tuvimos la experiencia y ya sabemos que será mejor intentarlo con otro instrumento. Podríamos invitar a salir a alguien y ser rechazados. Bueno, al menos, sabremos a ciencia cierta que esa persona no era la adecuada para nosotros. Entonces, si seguimos adelante, estaremos un paso más cerca de encontrar a nuestra alma gemela.

Si nunca exploramos nuestra pasión o actuamos de acuerdo con nuestros sueños (sin importar cuán grandes o pequeños sean), nunca llegaremos a experimentar lo que significa la adrenalina pura de arriesgarnos. Nunca conoceremos la emoción que se siente al desarrollar nuestro potencial y alcanzar nuestras metas. Incluso si el agua es demasiado fría como para soportarla, aun así, existe una cierta satisfacción a través de cada experiencia vivida. Nuestros reveses y fracasos no nos detendrán para siempre. Por el contrario, nuestra confianza aumentará, porque hemos dado todo lo que tenemos en nuestra búsqueda de la grandeza. Y, ganemos o perdamos, ¡eso es VIVIR de verdad!

No siempre es bueno esperar el momento ideal para explorar nuestros sueños y dejarnos llevar por nuestra pasión. De ese modo, solo estaremos sumergiendo los dedos de los pies en el agua para siempre. Así que ¡entra en acción! ¡Mantente positivo! ¡Sé resistente! ¡Salta con ambos pies y haz que las cosas sucedan!

¡No te preocupes, el agua está *perfecta!*

Perfil de una resiliencia cotidiana apasionada: conoce a Maureen Appel

Maureen Keller Appel aprendió temprano en la vida que la educación es un regalo. Y a través de todos sus reveses y triunfos, dedicó el resto de su vida a inculcar esa educación en los demás.

Maureen Appel creció en un hogar amoroso en Oyster Bay, Nueva York, siendo la mayor de cinco hermanos. Su madre trabajó duro en casa y su padre trabajó muchas horas como presidente y cofundador del State Bank of Long Island. Sin embargo, ellos no eran graduados universitarios y no sentían que la educación universitaria, en especial, para una niña, fuera una necesidad. Por su parte, la abuela de Maureen sentía y pensaba diferente. Entonces, mientras Maureen se preparaba para un futuro incierto en su último año en Holy Child Academy, en Old Westbury, Nueva York, su abuela, Nellie O'Toole, una inmigrante irlandesa, intervino en el asunto.

"Mi abuela me dijo que no escuchara a mis padres y me imploró que estudiara en la universidad".

Ese fue un momento fundamental en la vida de Maureen y una decisión histórica en la familia Keller. Animada por su abuela, Maureen se dedicó a sus estudios y se comprometió a continuar su educación y a pasar al siguiente nivel. Después de graduarse, Maureen fue aceptada en Rosemont College, en Rosemont, Pensilvania. ¡Ella sería la primera persona en el linaje de la familia Keller que asistiría a la universidad!

Maureen continuó su incansable búsqueda de la educación. Se destacó en Rosemont y desarrolló una pasión por el lenguaje clásico, de modo que se especializó en el área de inglés. Pero todavía no había terminado con sus estudios. De Rosemont, pasó a C.W. Post, para obtener allí su maestría en educación.

"Me encantó mi época de la universidad y hacer el posgrado, pero, a medida que salía al mundo real, las cosas se iban tornando un poco complicadas".

Maureen pasó un breve período, trabajando de administradora en un restaurante llamado Friendly. Luego, por medio de una conexión familiar, comenzó a hacer un trabajo de contabilidad en Genovese Drugs. Pero ninguno de esos trabajos la apasionaba.

"Me di cuenta de cuánto extrañaba el sistema educativo".

Después de algunos años de lucha, Maureen regresó al salón de clases. Recibió una propuesta para enseñar inglés en octavo grado en St. Aidan's School, una escuela cerca a su casa. A ella le encantó esa oportunidad, lo cual no significó que no tuviera que enfrentar ciertos desafíos.

"Era tan ingenua. El primer día, me puse un hermoso vestido verde, pero eso no impidió que unos cuantos chicos colocaran chicle en mi silla. Por supuesto, yo me senté justo en el medio ¡y no me levanté de allí durante el resto de la clase!".

A pesar de las bromas, Maureen pasó cinco maravillosos años en la escuela. Pero la mejor parte del viaje de su vida estaba por comenzar.

"¡Un romance de mayo a diciembre!"

Maureen trabajaba como voluntaria en una asociación para cónyuges viudos cuando conoció a Thomas Appel. Thomas era viudo y tenía cinco hijos, además de cinco hijos adoptivos de un matrimonio anterior. Dos de ellos eran mayores que Maureen. Lo cierto es que aquello fue amor a primera vista.

"Yo era joven, pero, a veces… simplemente, intuyes las cosas. Y yo las intuí".

El hecho es que, después de solo seis meses de noviazgo, se casaron. Los recién casados formaban una pareja única y comprometida. Su historia fue presentada en *Phil Donahue Show* y el programa fue trasmitido a nivel nacional bajo el título de "Un romance de mayo a diciembre".

"Aquel era un gran sentimiento. Yo sabía que teníamos algo especial".

Thomas era un desarrollador de terrenos exitoso, lo que le permitió a Maureen quedarse en casa y administrar el hogar. Pero Maureen descubrió algo durante ese tiempo que estuvo desconectada del mundo laboral.

"No me gustó no trabajar. Extrañaba la escuela y quería volver a la docencia".

Casi al mismo tiempo, la recesión de 1982 afectó a nivel financiero las empresas inmobiliarias de Thomas. Esto hizo que, a principios de 1983, Maureen presentara entrevistas de trabajo con el fin de volver al mercado laboral. Durante el tiempo que estuvo en St. Aidan's, muchos colegas la animaron a pasarse al lado administrativo del sistema educativo. Y, como el destino lo permitió, se abrió el cargo de dirección de desarrollo en su alma mater, Holy Child Academy.

Los años siguientes fueron dorados para la familia Appel. Maureen aceptó el empleo en Holy Child y creció tanto a nivel personal como profesional. Además, presentaba un programa en el Canal 12 de la programadora de cable local ("Today's Family") que trataba temas sobre las familias modernas en el área de Nueva York.

"Tom siempre me apoyó mucho cuando yo hablaba en público, frente a la cámara y en los eventos escolares. Él me ayudó enormemente a trabajar en mi autoestima".

Y hablando de familia, los Appel sumaron a su propia familia durante estos años. Su hija Jaci, seguida por su hijo Tyler, completaron su núcleo familiar.

"Fue un tiempo precioso".

Después de 11 años en la escuela, Maureen estaba lista para dar el siguiente paso en su carrera. Tenía tanto la formación académica como las habilidades de recaudación de fondos que se requerían para dirigir una escuela. Además, pensaba que pasaría el resto de su vida en Nueva York. Lo cierto es que, de la nada, recibió una llamada de Enos Fry, vicepresidente de la Junta Directiva de Connelly School of the Holy Child, en Potomac, Maryland. Estaba en busca de un director de escuela. Aquella fue una gran oportunidad para Maureen, pero también implicó un gran esfuerzo.

"Nunca antes había dirigido toda una escuela. Y, para ser sincera, ¡tampoco había oído hablar de Potomac, Maryland!".

Pero ella respondió a la llamada y, poco después, se reunió con Enos en el Congressional Country Club. Maureen no podría haber quedado más impresionada. La semana siguiente, se reunió con Len Ralston, el presidente de la junta, y con el comité de Holy Child. Unos días después, Maureen recibió una llamada telefónica de la Hna. Helen McDonald, de SHCJ, quien le ofreció el trabajo. Ella estaba encantada.

"¡Era una propuesta fabulosa! La educación de las mujeres jóvenes era importante para mí. Además, me sentí muy bienvenida en esta nueva comunidad".

El hecho es que, en ese tiempo, su hija Jaci estaba en séptimo grado y tenía allí sus amigos y su ritmo de vida. Tyler tenía solo cinco años y recién se estaba adaptando a la escuela. De modo que trasladar a toda la familia generaría cambios fuertes en sus vidas.

"Aquel cambio no estuvo exento de desafíos, pero cada cambio en la vida viene con una compensación".

¡Amén, Maureen!

A principios del verano de 1994, la familia Appel se trasladó de Nueva York a Potomac, Maryland, y ese fue el mejor cambio de sus vidas.

Los años en Holy Child (Potomac)

Maureen y su familia se mudaron a una hermosa casa blanca, justo en el medio del campus de Holy Child. Ese era su nuevo hogar y para ella había llegado la hora de comenzar a cumplir con su misión. Poca cuenta se dio de los desafíos que la esperaban.

En una de sus primeras reuniones, Maureen se enteró de que apenas sí había suficiente dinero en el presupuesto escolar para pagar la nómina.

"Nunca antes había leído un extracto bancario. Aquel fue un verdadero descubrimiento y comprendí que necesitaría mejorar mis habilidades en ese campo y actuar rápidamente".

Los primeros meses fueron un suplicio. Sin embargo, ella se sentía cómoda recaudando dinero, puesto que había pasado 11 años como directora de desarrollo. Total, enfocó toda su energía en el aspecto financiero de la escuela. Organizó eventos para recaudar fondos en la comunidad. Fue a las escuelas primarias locales y corrió la voz sobre Holy Child. Aumentó el salario de los maestros para atraer a la escuela a los mejores y más brillantes de ellos. Así las cosas, después de un par de años, la escuela estaba fuera de peligro y sobre una base financiera sólida.

Por fin, llegó el día en que la familia pudo mudarse de la casa blanca del campus a una casa cercana, justo detrás de la escuela.

"Era el lugar perfecto para criar a los niños y organizar eventos. Toda nuestra familia era parte de la comunidad de Holy Child y nunca olvidaré nuestras cenas dominicales en la vieja casa. Estábamos todos nosotros, juntos".

Como la familia ya estaba estable y segura, Maureen encontró tiempo para desarrollar dos actividades adicionales. La primera, continuar con su educación en Johns Hopkins y terminar una maestría de posgrado en "Adolescentes en riesgo".

"Como directora de una escuela secundaria para niñas, no alcanzo a describir lo valioso que fue obtener esa nueva perspectiva".

La segunda actividad tuvo un impacto tan grande en la escuela que este aún se mantiene vigente. Maureen nunca ha podido escuchar con su oído izquierdo. Como resultado de esta condición, ella tenía más dificultad para aprender que la mayoría de los niños. Siempre necesitó hacer algunos ajustes importantes solo para mantenerse al día en sus estudios.

"Después de haber pasado por esa experiencia, siempre tuve un aprecio especial por aquellos estudiantes que necesitaban más apoyo".

Inspirada en esto, Maureen inició el Centro de Apoyo Académico de Holy Child, el cual ha ayudado a cientos de estudiantes a adaptarse y aclimatarse a un nuevo entorno de aprendizaje.

Con la escuela y el plan de estudios establecidos, ya era hora de lanzar una estrategia de desarrollo en Holy Child. De modo que, con la junta directiva de su lado, Maureen se embarcó en una campaña para recaudar un capital de $17 millones de dólares, con el fin de renovar la escuela y agregar un nuevo edificio, muy importante y necesario para el campus.

Todo esto requería de concentración y disciplina. Pero toda la comunidad se unió a favor de la causa. El momento crucial llegó un año después, cuando Maureen y su familia viajaron a Kerry, Irlanda, para reunirse con la Hna. Pauline McShain, de SHCJ. Ella prometió $500,000 dólares a favor de la campaña y se comprometió a cumplir su promesa en dos pagos. Ese acto de generosidad se convirtió en la pieza final del rompecabezas. Se construyó un hermoso edificio, Connelly Hall, en el lugar donde estaba ubicada la antigua casa blanca en el campus. ¡Misión cumplida!

A medida que pasaban los años, venían más desafíos y triunfos. La comunidad vivió los devastadores ataques del 11 de septiembre. Soportó 23 días angustiosos en octubre de 2002, cuando un francotirador andaba suelto en el área de Washington, D.C. A pesar de toda dificultad, la familia Appel siguió creciendo y manteniéndose unida.

Las cenas familiares de los domingos continuaron. Jaci estudió en Holy Child (recorriendo un corto atajo a través de su patio trasero para llegar a la escuela) y Tyler fue a Georgetown Prep High School.

Durante todo este tiempo, Thomas fue un padre que se quedó en casa. Asistió a todos los eventos, a todos los juegos y a todas las reuniones en Holy Child. Fue un miembro siempre activo en la comunidad y continuó apoyando la habilidad de hablar en público y el liderazgo de Maureen. Él era su roca.

"No podría haber hecho nada de esto sin él. Thomas me apoyó mucho y amaba a Holy Child más allá de las palabras".

Pero la familia Appel estaba a punto de descubrir lo frágil que es la vida.

Una tragedia repentina

El 14 de junio de 2008 es un día grabado para siempre en los corazones de la familia Appel. Maureen acababa de terminar su decimocuarto año en Holy Child. Tyler acababa de graduarse unas semanas antes de Georgetown Prep y Jaci ya hacía parte del mundo laboral.

Thomas Appel jugó 18 hoyos en el Congressional Country Club ese día y además tuvo tiempo para darles a todos una lección de lo que es el buen golf. Estaba cansado esa noche y se acostó temprano. En medio de la noche, Thomas sufrió un aneurisma cerebral masivo. Nunca se despertó.

Fue un shock indescriptible para la familia Appel.

"Nunca imaginé mi vida sin él".

Aquella fue una enorme sorpresa para la comunidad extendida de Washington, D.C, que se presentó en masa para asistir a su funeral en

Holy Trinity Church. Los 12 hijos de Thomas estaban juntos allí. La atmósfera familiar era increíble.

"Fue el servicio más edificante al que he asistido. Había una banda de rock que tocaba una música hermosa y mucha gente desplegó su corazón para darnos apoyo. Fue inolvidable".

Sin embargo, hubo un momento todavía más inolvidable. Después de los conmovedores elogios de Tyler y de dos de los hijos mayores de Thomas, Maureen se puso de pie, caminó hacia el frente de la iglesia y pronunció un elogio improvisado.

"No estaba en el programa. Pero Tom siempre me alentó a hablar en público. Un sentimiento me invadió en el momento. Quería honrarlo, haciéndolo sentir orgulloso una vez más".

Y así lo hizo.

La familia Appel luchó con la confusión y el dolor propios de los meses siguientes, pero había un lado positivo.

"La ausencia de Thomas nos hizo sentirnos mucho más cercanos entre nosotros. Vimos lo frágil que es la vida y apreciamos mucho más nuestros momentos juntos. Como resultado, hasta el día de hoy, Jaci y Tyler son muy cercanos el uno del otro".

La vida siguió su marcha y ellos tuvieron que recoger los pedazos que quedaron de su dolor y proseguir su marcha.

"Continuamos, pero gran parte de la diversión se había ido. Gracias a Dios por el apoyo de la comunidad de Holy Child".

Después de unos años, Maureen ya no tenía la misma pasión. Se mudó de la casa grande y vivía sola en un apartamento ubicado en las cercanías de Chevy Chase, MD. La tecnología había cambiado. Los teléfonos y las distracciones se volvieron más frecuentes en las aulas de clase. Había llegado la hora y, después de 20 años como directora de la escuela en Holy Child, Maureen Appel renunció.

"No estaba segura de lo que iba a hacer a continuación. La consultoría educativa era ciertamente una opción, pero sentí que aquella sería una actividad demasiado aislada después del ajetreo y el bullicio que implicaba el hecho de dirigir una escuela. Sin embargo, sabía que tenía que seguir adelante".

Un cambio de escenario

En 2014, Maureen se mudó a los suburbios de Boston para convertirse en presidenta de la Academia Notre Dame, en Tyngsboro, Massachusetts.

"Hacía frío allá y no conocía a nadie. Pero hice que las cosas funcionaran".

Maureen amaba su nueva comunidad. Sin embargo, fue un ajuste trasladarse allí, abandonando la comodidad de Washington, D.C. El hecho es que perseveró y se esmeró en aprovechar al máximo su estadía en Tyngsboro. Después de dos años, recibió una llamada sorpresa de su sobrino. Había una vacante en St. Dominic's School, ubicada en su ciudad natal de Oyster Bay. Sin duda, aquella era una magnífica oportunidad para volver a estar cerca a su familia.

"Me emocioné al recibir la llamada, pero le dije a mi sobrino que nunca contratarían a una persona de 60 años para dirigir la escuela".

El caso es que la contrataron y Maureen Appel estaba de vuelta en casa.

"Tan pronto regresé a mi ciudad, pensé que nunca me iría de nuevo. Estaba segura de que ese era el final de mi camino".

Pasados tres años, Maureen se había ido desilusionando con la iglesia. Esto, a raíz de los escándalos de abuso sexual con el clero en Washington. De modo que el destino intervino una vez más en su vida.

En marzo de 2019, Maureen recibió otra oferta inesperada. Esta vez, fue por medio de Eddie Quinn, presidente de la junta de San

Miguel's School, en Silver Spring, MD. Maureen decidió, por lo menos, escucharlo.

San Miguel es una escuela de secundaria para varones, dedicada a transformar la vida de los jóvenes latinos en desventaja a nivel académico y económico. Así las cosas, Maureen viajó de regreso al área de D.C. y quedó absolutamente impresionada con la misión y el propósito de la escuela.

"Todos eran muy amables. Y la escuela era, simplemente, maravillosa".

Pero fueron los estudiantes quienes la convencieron.

"El 82% de los estudiantes vivía por debajo de la línea de pobreza. Pero, aun así, los chicos lucían perfectamente bien vestidos y se comportaban muy bien. Salí de la escuela hecha un mar de lágrimas. Los chicos fueron una bendición para mí".

La comunidad de San Miguel había conmovido a Maureen. El fuego estaba de vuelta en su interior y la directora de la escuela que había en ella se puso en marcha una vez más.

Una pasión renovada

Maureen regresó al área de D.C. y comenzó a trabajar en San Miguel el primer día de julio de 2019. Desde entonces, esa ha sido una labor repleta de amor.

"Ahora, me doy cuenta de que solo puedes recaudar dinero si tienes la pasión que se requiere para hacerlo. Nunca como ahora he tenido tanta pasión por mi trabajo. Lo único que quiero en la vida es ayudarles a estos muchachos a estar en las mejores condiciones de vida posibles".

Pronto, Maureen comprendió el intenso rigor del programa. La jornada escolar va de 8:00 a.m. a 5:00 p.m. y los chicos están en clase desde agosto hasta junio. La lectura es un enfoque importante para romper el ciclo de la pobreza. ¡Así que los estudiantes de San Miguel deben leer 40 libros al año!

"Ellos aprecian mucho esta oportunidad. Fueron ellos quienes me ayudaron a entender que la educación es un regalo".

Además, lo más importante de todo es que la experiencia de San Miguel le ha ayudado a Maureen a renovar la fe en la iglesia.

"Los chicos se ganaron mi corazón y ahora veo a Dios obrando a través de ellos".

La transformación de Maureen Appel fue completa. Sin embargo, nada puede tomar el lugar de la familia.

Ahora que está de vuelta en el área de Washington, D.C., Maureen suele reunirse con su familia y renovó la tradición de cenar los domingos por la noche con Jaci y Tyler.

"En este mundo frenético es muy importante elegir un momento para demostrar afecto mutuo entre quienes hacemos parte de nuestra familia".

Después de 11 años del fallecimiento de su padre, Jaci y Tyler siguen tan unidos como siempre.

"Hace poco, Tyler se casó con una chica maravillosa, Emily, y Tyler quiso que Jaci fuera su "padrino". Imagínate eso. Me siento muy feliz".

Y ahí lo tienes. Este es el ejemplo de un viaje resiliente. De una pasión renovada. De una demostración de afecto hacia la familia y de toda una vida dedicada a la educación.

El viaje de Maureen Appel no ha estado exento de dificultades. Ha habido decisiones difíciles que tomar en su vida, así como momentos de angustia, movimientos tumultuosos e incertidumbre, pero su resiliencia la ha llevado a remontar por encima de las dificultades. Y como resultado de su aporte, el mundo que la rodea es un lugar mejor educado y más amoroso.

¡Qué regalo, de verdad!

Aprecio

No olvides que la mayor necesidad emocional de una persona es sentirse apreciada.
—Jackson Marrón

Te ganaste la lotería

*Desarrolla una actitud de gratitud y agradecimiento
por todo lo que ocurre en tu vida.*
—Brian Tracy

¡Bum! ¡Acabas de ganarte el último premio mayor de la lotería! $200 millones de dólares vienen en camino. ¡Felicitaciones! Ahora, ¿qué vas a hacer con todo ese dinero?

Esta es una pregunta bastante antigua. Se la han formulado jóvenes y viejos, mientras sueñan despiertos con riquezas incalculables y un estilo de vida opulento. Las respuestas más típicas a este gran interrogante implican adquirir más "cosas". Comprar un barco, un avión, una isla privada, una casa en la playa o una mansión. Todo eso pareciera ser un plan magnífico.

A este respecto, recuerdo una conversación que tuve con un cliente de confianza que me generó una perspectiva bastante refrescante sobre qué hacer en el caso de ganar la lotería. Mi cliente mantiene una lista de todas las personas que lo han ayudado a lo largo de su vida. Miembros de la familia. Seres queridos. Colegas. Mentores. Viejos amigos. Él la llama su "lista de la lotería".

Si él llegara a ganase un premio de la lotería de seis dígitos, beneficiaría, primero que todo, a todos aquellos que hacen parte de su lista de la lotería. ¿Cómo? Por medio de tarjetas de regalo en efectivo con un estipendio mensual alto, recargables a perpetuidad. *¡Eso sería grandioso!*

Le pregunté si pensaba en la posibilidad de actualizar su lista, podándola a medida que avanza por las diferentes etapas de su vida.

"No se trata de sacar gente de la lista. El hecho de que hoy en día no esté en contacto con alguien específico no significa que me haya olvidado de esa persona. De lo que se trata es de conocer más gente linda y *agregarla* a mi lista".

La lista de la lotería es una manifestación de *agradecimiento* muy simple y poderosa a la vez. Mi cliente afirma que él tiene muy claro que no habría logrado llegar a donde está ahora sin la ayuda que ha recibido de otras personas. *Eso es muy cierto.* No podemos hacerlo solos. Es fundamental agradecerles y apreciar a todos aquellos que nos inspiran, nos alientan y hacen mejor nuestra vida. Y aunque este es un concepto noble en lo que respecta a la posibilidad de ganarnos la lotería, debemos tener esta perspectiva en mente *en todo momento.*

En nuestra vida tanto laboral como personal, es esencial reconocer y apreciar la labor de quienes hacen parte de nuestra "lista de la lotería", incluso si nunca compramos ni un solo boleto para ganárnosla.

En nuestra vida laboral, necesitamos de una gran cantidad de gente para alcanzar cualquier nivel de éxito. El fundador de una empresa no puede hacer realidad su visión sin un personal dedicado y leal que le ayude a llevarla a cabo. Un vendedor estrella no alcanzará el estatus de hacedor de lluvia sin la ayuda de las áreas de investigación y de soporte técnico de su empresa. Un gerente no logrará ejercer un gran impacto en la empresa sin miembros del equipo que colaboren en la causa. El entrenador o el maestro nunca tendrán éxito a menos que sus jugadores y alumnos se pongan manos a la obra. Todos estamos interconectados y debemos reconocer que no estamos en una isla.

Eso no quiere decir que *nuestro propio esfuerzo y nuestro talento único* no desempeñen ningún papel importante en lo referente a lograr nuestro éxito. ¡Todo lo contrario! Todos nos hemos ganado las recompensas de nuestro arduo trabajo y merecemos celebrar nuestras victorias. Pero esa lista de la lotería que nos sirvió de apoyo también merece nuestra atención y reconocimiento. Ellos merecen nuestra lealtad. Es por eso que, cuando llegue el momento de mostrarles nuestra gratitud, es maravilloso hacerles saber de alguna manera cuánto significan ellos para nosotros.

Esto es aún más importante en nuestra vida personal. ¿Quiénes son las personas que se han ganado esa primera parte de la recompensa con el dinero de nuestra lotería? Ese padre o esa mamá que siempre nos cubre las espaldas. Ese hijo o esa hija que más adelante en el camino de la vida nos retribuyen el amor que les hemos prodigado sin esperar nada a cambio. El hermano o la hermana que siempre está ahí para nosotros en todo momento de necesidad. El amigo que siempre es directo. Esa pareja que nos ofrece amor incondicional. ¿Dónde estaríamos sin estas personas?

Hay momentos en que la oleada de estrés se apodera de nosotros. En los que nos sentimos como si nos estuviéramos ahogando. En que estamos solos frente a la lucha que vamos librando. Sin embargo, no estamos solos. Nunca lo estamos. Nuestro círculo íntimo siempre está ahí para nosotros. Nuestros seres queridos que nos guiaron en los momentos difíciles SIEMPRE estarán en nuestra lista. Ellos merecen saber cuánto nos importan. Merecen compartir el botín de cualquier "riqueza" que se nos presente.

A veces, el *aprecio* es el mayor y único regalo que podemos ofrecer.

Tenemos que hacer nuestra lista. Es fundamental conservar a todas estas personas en nuestra mente y en nuestro corazón. Sin la ayuda de aquellos que hacen parte de esta lista de la lotería no estaríamos donde sea que estamos, ni sobreviviríamos a nuestras luchas, ¡ni nos mantendríamos *resilientes!*

Así que, ¡adelante, compra ese boleto de lotería! Los analistas financieros te dirán que esa no es una inversión inteligente. A lo mejor, estén en lo correcto. Pero, ¿por qué no soñar un poco? Simplemente, no te decepciones si el asunto no sale como quieres. Ganarte la lotería es mucho más que acertar en seis números.

Haz tu propia lista de la lotería y sigue agregándole cada vez más beneficiarios. Esa lista contiene la clave tanto de tu éxito como de tu satisfacción y es el premio mayor más grande de todos.

Aprecia y agradéceles a esas personas que hacen parte de la lista de tu lotería personal. Si te mantienes fiel a ellas y les demuestras tu aprecio, no necesitas revisar los números de la lotería. ¡Ya te la ganaste!

Las piezas de Jenga en tu vida

No hay piezas extra en el universo. Todas están aquí, porque tienen un lugar que ocupar y cada pieza debe encajar en el gran rompecabezas.
—**Deepak Chopra**

Mi esposa y yo siempre estamos en constante búsqueda de formas creativas de esparcimiento con nuestros cuatro hijos. Además de ver a *Bob Esponja* (el gran comunicador de TODAS las generaciones), es cada vez más difícil encontrar puntos de entretenimiento en común con las nuevas generaciones. Sin embargo, hace unos años, descubrimos el juego Jenga y este parece haber cumplido con todos nuestros criterios con respecto a lo que es para nosotros un entretenimiento familiar efectivo: sin gruñidos de nadie cada vez que lo sugerimos y sin lágrimas cuando este termina.

Para aquellos que no estén familiarizados con Jenga, los jugadores se turnan para quitar un bloque de madera de una torre construida con 54 bloques. Cada bloque extraído va a dar a la parte superior de la torre, construyendo así una estructura cada vez más alta, pero menos estable. Entonces, cuando un jugador extrae una pieza ubicada en un lugar crucial de la torre y esta se cae, ese jugador pierde y todos gritan "¡Jenga!". (Algunos más fuerte que otros). En el juego de Jenga uno nunca sabe qué pieza, cuando se quita, hará que toda la torre se derrumbe. Claramente, algunas piezas son más esenciales para la estabilidad de la torre y otras se pueden quitar sin perturbar su estructura general.

De la misma manera, nuestra vida está llenas de piezas de Jenga. Para sostener nuestra felicidad y nuestro éxito es importantísimo reconocer qué piezas son esenciales en nuestra estabilidad general. En nuestra vida personal, ¿qué relaciones, si las perdiéramos o se tensionaran, nos causarían grandes trastornos y angustia? Tal vez, se trate de un cónyuge que nos proporciona ese apoyo fundamental o esa motivación más que necesaria para mantener la relación en marcha. A lo mejor, sea ese padre que siempre nos brinda ese consejo y comprensión tan oportunos que suelen evitarnos colapsos inevitables.

Como vendedores, es fundamental tener claro qué clientes, si los perdemos, generarán grandes consecuencias negativas en nuestra cartera. Quizá, no sean los más grandes, pero se trata de influenciadores o pioneros que creen en nuestro producto y atraen a otros clientes. Como gerentes, es fundamental comprender qué empleados, si los perdemos, harán que el resto del equipo se disperse u obtenga un rendimiento inferior. Tal vez, ni siquiera se trate de un empleado de nivel superior. Lo importante es reconocer que la actitud es determinante en la dinámica de tu organización y que sepas cómo retener a esos colaboradores que sirven como el pegamento esencial para el equipo.

Como dueños de negocios, debemos reconocer qué sociedades, si se disuelven, harán que el resto de la empresa se derrumbe. ¿Significa ese socio la mejor oportunidad que tenemos para alcanzar el éxito? ¿Se alinea su misión con la nuestra? (Hecho: las mejores sociedades suelen ser más que solo ingresos mutuos). Comprender qué áreas de nuestro negocio y de nuestra vida necesitamos proteger y desarrollar es una habilidad increíblemente valiosa. Piénsalo de forma autocrítica y no lo tomes a la ligera. ¡Tu felicidad y supervivencia están en juego!

Sin embargo, hay veces en que las cosas no siempre son lo que parecen. Algunas piezas parecen ser importantes, pero, cuando las quitamos, su ausencia tiene poco impacto en nuestra vida. Hay mucha combustión tanto en nuestra vida personal como en nuestra vida comercial. Las relaciones que comienzan siendo emocionantes y divertidas bien pueden terminar siendo superficiales y sin sentido.

Los vendedores se pueden romper el pecho pensando que le aportan bastante al resultado financiero de la empresa cuando, de hecho, les aportan poco valor a sus clientes o al equipo. Hay asociaciones que quizá se ven muy bien en el papel, pero, en última instancia, están ejerciendo un impacto mínimo o incluso un impacto negativo en nuestros resultados finales. Todas estas son el tipo de piezas que podemos quitar sin dañar la estructura de nuestra vida o nuestra organización. Cuanto antes las reconozcamos, más pronto podremos centrarnos en las piezas que *realmente* importan.

¿Cómo sabemos cuáles son nuestras piezas esenciales y cuáles las que podemos quitar fácilmente? Desafortunadamente, se necesitan muchas pruebas de ensayo y error. A veces, dejaremos que una relación importante se derrumbe. Lo esencial en ese caso es que aprendamos de ello y reconstruyamos esa relación o que al salir de ella sepamos construir una nueva y mejor. A veces, dejamos que un empleado clave se nos escape (a otra empresa de la competencia o hacia otro campo de acción). Entonces, la próxima vez, reconoce las cualidades de esa persona clave y no dejes que suceda lo mismo. A veces, disolvemos una sociedad comercial que nos generaba ingresos importantes. En ese caso, no nos queda más que continuar y buscar esa próxima gran asociación. En otras palabras, si aprendemos de nuestros errores, nos será mucho más fácil reconocer cuáles son las piezas de Jenga en nuestra vida, tanto las esenciales como las que no lo son.

En resumen, el peor de los casos tampoco es tan malo. Por más devastador que suele ser cuando la torre se derrumba, ¡recuerda que siempre puedes volver a construir otra! La vida, como el Jenga, es un juego interminable. La destrucción y el caos son solo temporales. Tenemos que seguir construyendo nuestra torre. Necesitamos aprender de nuestros errores y enfocarnos en las piezas verdaderamente importantes de nuestra vida. Por encima de todo, ¡debemos hacer acopio de nuestras fuerzas para seguir jugando! Solo mejoraremos si seguimos avanzando. Ese es el Jenga. Esa es la vida. ¡Esa es la resiliencia del día a día!

Es hora de olvidar tanta lamentación

Prefiero lamentarme de las cosas que he hecho;
que de las que no he hecho.
—Lucile Ball

Todos tenemos momentos en la vida en que desearíamos poder devolver el tiempo y cambiar lo ocurrido. Tal vez, llegamos a un punto de bifurcación en el cual tomamos el camino que no era; quizá, tomamos una decisión precipitada. Casi siempre, hay un evento del pasado que nos cambió la vida y todavía nos duele en el alma que haya sido así. ¡Si tan solo tuviéramos una máquina del tiempo para viajar hacia ese momento y pudiéramos tomar una decisión o una actitud diferente! ¡Si tan solo pudiéramos dejar de lamentarlo! ¡Qué impacto tan increíble tendría eso en nuestro futuro! Esta clase de lamentos son quizás el mayor obstáculo para disfruta de nuestra felicidad y nuestro éxito. Además, es un poderoso enemigo de la resiliencia cotidiana.

El hábito de lamentarnos puede paralizar hasta a la persona más optimista y conducirla rumbo a la amargura y la duda. Peor aún, tantas lamentaciones tienden a robarnos el momento presente y hacer que nos pasemos la vida con la vista puesta en el espejo retrovisor. ¡Esta no es una fórmula ganadora para construir una vida significativa! Si queremos mantener la resiliencia y seguir adelante con nuestra vida, debemos aprender a olvidar tantos lamentos.

Cuando tenía entre 20 y 30 años, estuve detrás de varias oportunidades comerciales que pensé que me pondrían en el camino hacia la independencia financiera. Trabajé duro, mantuve la fe y perseveré en algunos momentos difíciles. Y, si bien estas fueron oportunidades gratificantes en otros sentidos, ninguna de ellas se tradujo en un gran éxito financiero. También me ocurrió que muchos de los trabajos que dejé pasar resultaron ser increíblemente lucrativos (¡para otros!). He pasado demasiado tiempo lamentando esos resultados. ¡Cómo pude rechazar esas oportunidades! ¡Qué sería hoy de mi vida si hubiera tomado las decisiones "correctas"! Si tan solo pudiera entrar en esa máquina del tiempo antes mencionada y tomar otro camino.

Lo cierto es que, aunque el arrepentimiento de haber hecho o dejado de hacer siempre jugará un papel en nuestra vida, hay formas de minimizar el impacto y seguir adelante con resiliencia. Primero, es importante darnos cuenta de que la máquina del tiempo funciona en ambos sentidos. Sí, sería bueno dar un salto atrás y revertir ciertas decisiones que tomamos a lo largo del camino. Pero, ¿a qué estaríamos renunciando? Si yo hubiera elegido otro trabajo, ¿aun así me habría casado con mi esposa? ¿Tendría cuatro hermosos hijos? ¿Habría hecho el mismo tipo de amigos que hice en las otras empresas en las que trabajé? No arriesgaría ninguno de estos eventos que son cruciales en mi vida por haber tomado una decisión diferente. Además, no hay garantía de que los otros trabajos "lucrativos" me hubieran funcionado. Tal vez, hubiera odiado la experiencia y renunciado o me hubieran despedido. Lo cierto aquí es que, una vez que entendemos y *apreciamos* todas las bendiciones que tenemos hoy en nuestra vida, es mucho más fácil lidiar con el arrepentimiento de haber tomado una decisión "equivocada" del pasado.

Además, el esfuerzo que ponemos en nuestra vida presente hace que nuestro arrepentimiento sea mucho más tolerable. En mi caso, seguí trabajando duro y di todo lo que tenía incluso en cada una de las oportunidades que no resultaron ser lo que yo buscaba. Cuando creemos en algo y mantenemos la pasión, hay en nosotros un sentimiento abrumador de que algo bueno está destinado a sucedernos y ese sentir nos da una gran esperanza con respecto al futuro. No lo dudes. En algún momento, el éxito encontrará a aquellos que trabajan duro y mantienen una actitud positiva.

Pero, ¿y si no hemos estado dando el 100%? Todos experimentamos fatiga laboral, apatía y frustración en algún momento de nuestra carrera. ¿Qué pasa si nos hemos acomodado en medio de una vida laboral adormecida, llena de lamentaciones por todas esas cosas que podrían haber sido y no fueron? La buena noticia es que ¡nunca es demasiado tarde para seguir adelante! Esa máquina del tiempo no existe (y si existiera, ¿realmente la usarías?). Por lo tanto, en lugar de preocuparte por tu pasado, ¡comienza a construir tu futuro!

Olvídate de lamentarte y disfruta de la euforia y la emoción de un nuevo comienzo. El éxito y la realización personal están a la vuelta de la esquina. Tenemos que dejar de fijar nuestra mirada en el espejo retrovisor y comenzar a trabajar en nuestro próximo gran logro. ¡Nuestro camino hacia la resiliencia cotidiana está frente a nosotros!

Yo te respaldo

Creo que la forma más significativa de tener éxito es ayudando a otras personas a tener éxito.
—Adam Grant

El *Urban Dictionary* define el acto de "respaldar a alguien" de la siguiente manera: *"Es una expresión que le asegura a otra persona que tú la estás cuidando. Hacer que los demás se sientan seguros, porque tú estás observando en detalle lo que ocurre detrás de ellos cuando ellos están ocupados mirando hacia adelante"*.

Todos sabemos quiénes son aquellas personas que nos han apoyado de varias maneras y en distintas circunstancias, y las apreciamos. Por esto, no hay mayor expresión de lealtad y gratitud que la de asegurarnos de respaldarlas cuando ellas lo necesiten. Quizás, el mejor ejemplo de esto sucede en el ejército. Cada pelotón de soldados se apoya mutuamente y garantiza que todos en su compañía estén a salvo. A su vez, de manera colectiva, ellos respaldan a nuestra nación y nos mantienen a salvo en tanto que nosotros avanzamos, mirando hacia el futuro. Estos soldados anteponen las necesidades de nuestro país a sus propias necesidades individuales, incluso si eso significa pagar el precio final. En esencia, es por eso que nuestro ejército es tan honrado y venerado en este país.

Como líderes en nuestro lugar de trabajo, tenemos que adoptar esta misma mentalidad. Si queremos generar lealtad, confianza y unidad dentro de nuestro equipo, es fundamental demostrar que tenemos la capacidad de poner las necesidades de nuestros empleados por encima de las nuestras. Es nuestro deber intervenir cada vez que sea necesario para ayudar a cerrar un trato sin tomar crédito por ello. Igual, es nuestro compromiso luchar con el fin de obtener una compensación adicional para un miembro del equipo, incluso si esto no nos beneficia directamente a nosotros. También hay que concederle tiempo libre adicional a ese miembro del equipo que, en determinado momento, está cuidando a un ser querido que se encuentra enfermo. Esta demostración de desapego hacia lo propio y de consideración por los demás paga grandes dividendos tanto en el área personal como en la comercial. La mayoría de los empleados tiene hambre y sed de un liderazgo real. Por desgracia, parece estar disminuyendo la oferta de cargos de este rango en las empresas estadounidenses. Sin embargo, los equipos de mayor rendimiento tienen líderes que demuestran, a través de acciones, no de palabras, que se preocupan por sus empleados inclusive por encima de sus propios intereses. Es por eso que hay miembros y equipos enteros que están dispuestos a rendir al máximo y a entregarles los mejores resultados a este tipo de líderes. Además, si en verdad respaldamos a nuestros colaboradores, seremos recompensados con un nivel de productividad y satisfacción personal que nunca pensamos que obtendríamos.

Lo mismo es verdad para nuestra vida personal. Poner las necesidades de nuestra familia por encima de las nuestras es fundamental para garantizar que, quienes hacen parte de ella, se sientan seguros. Todos trabajamos duro para que nuestros hijos puedan recibir la educación adecuada y vivan una vida cómoda. Ese es el Sueño Americano. Pero también debemos asegurarnos de que tanto ellos como nuestro cónyuge, nuestros hermanos y hermanas, nuestros progenitores y otros miembros de la familia sepan y sientan que los respaldamos de todas las maneras posibles.

En mis años de preadolescencia, me metía *de vez en cuando* en problemas en la escuela. Todavía recuerdo una tarde en que me culparon por algo que no hice (¡lo juro!) y me enviaron a casa por ese día. Entonces, mientras caminaba hacia nuestra casa lleno de dolor ante esa injusticia, sentí que nadie estaba de mi parte y que no había quién me respaldara. ¡Qué sensación de soledad tan infinita! Menos mal, eso cambió cuando subí los escalones de la entrada. Ahí mismo, mi mamá me abrió la puerta, me dio un abrazo y me dijo que ella sí me creía y que siempre estaría ahí para mí. *¡Gracias por apoyarme, mamá!*

No hay nada más esencial para nuestra felicidad y nuestro éxito que contar con el respaldo de nuestro grupo de amigos de confianza y de nuestros familiares más allegados a nosotros. Y no hay nada más importante que retribuirles a todos y cada uno de ellos, asegurándonos de respaldarlos siempre.

Es casi imposible llevar una vida resiliente sin apoyarse en estas relaciones cercanas tanto en el hogar como en el trabajo. La resiliencia no es algo que sucede en el vacío. No podemos "hacerlo solos" cuando las cosas se están desmoronando a nuestro alrededor. Necesitamos a alguien que nos respalde a medida que sigamos avanzando. El más mínimo gesto de lealtad o apoyo de un familiar o colega tiene el potencial de convertir un desastre en un simple bache en el camino.

Piensa en todas aquellas personas que te han ayudado en los momentos difíciles. ¿Hay algo que no harías por ellas? Piensa también en aquellas a las cuales hemos apoyado en su momento de necesidad. Nada de eso pasa desapercibido.

Nuestras Fuerzas Armadas se basan en la lealtad, el servicio desinteresado y el coraje. Nosotros también necesitamos demostrar esos mismos valores en nuestra vida personal y profesional para asegurarnos de seguir viviendo en un mundo resiliente.

¡Mantente fuerte! ¡Sigue siendo leal! Y no te preocupes si las cosas no salen según lo planeado. *Siempre habrá alguien que nos respaldará.*

Alguien empacó con cuidado tu paracaídas

> *Está bien tener ambiciones personales, pero tienes que llevar a alguien contigo cuando vayas rumbo a conquistarlas.*
> —Roger Staubach

Esta es la historia del capitán Charlie Plumb, un piloto de combate de la Marina de los EE. UU. que sirvió durante la Guerra de Vietnam. El capitán Plumb fue derribado en territorio enemigo mientras volaba en una misión encubierta. Se vio obligado a lanzarse en paracaídas al tiempo que su avión se desintegraba en el aire. Plumb aterrizó con heridas leves, pero fue capturado de inmediato por el enemigo y pasó casi seis años en un campo de prisioneros de guerra. Después de su liberación, se convirtió en orador motivacional, aprovechando las lecciones de vida que aprendió durante su tiempo en cautiverio. Pero su mayor lección llegó 20 años después, cuando un extraño en un restaurante se apresuró a abordarlo para conversar con él.

"¿Tú eres el piloto de combate Charlie Plumb?".

"Sí. ¿Cómo diablos sabes eso?", le preguntó Plumb.

"¡Porque fui yo quien empacó tu paracaídas! ¡Supongo que te funcionó!".

Plumb se quedó estupefacto. Había aprendido unas cuántas lecciones de aquel tiempo en cautiverio, pero nunca sopesó la enormidad y al mismo tiempo la simplicidad que hubo en el hecho de que su paracaídas se hubiera desplegado adecuadamente. No solo eso, sino que tampoco se le ocurrió pensar en que fue trabajo de alguien empacarlo con cuidado y que ese alguien le había salvado la vida. ¡Ahora, 20 años después, ese alguien estaba parado justo frente a él!

Qué gran lección de resiliencia diaria. ¿Cuántas personas en nuestra vida cotidiana empacan con tanto cuidado nuestro paracaídas para que nosotros tengamos éxito? En el trabajo, nuestro jefe suele intervenir para asegurarse de que estemos protegidos por las políticas internas de la empresa. El gerente ordena con diligencia los pedidos de los suministros y maneja la facturación para que sus colaboradores podamos concentrarnos en el crecimiento empresarial. En nuestra vida personal, uno de los cónyuges cuida a los niños o realiza otras tareas del hogar para que el otro pueda concentrarse en llevar los ingresos a casa. Constantemente, los padres estamos haciendo pequeñas cosas por nuestros hijos para mantenerlos seguros y en el camino correcto. A menudo, estas pequeñas cosas pasan desapercibidas y no recibimos ningún reconocimiento por hacerlas.

¿Con qué frecuencia les agradecemos a las personas que empacan nuestro paracaídas? ¿Cuántas veces les decimos que no podríamos lograrlo sin ellas? Sir Edmund Hillary tenía a su lado a Tenzing Norgay. Alexander Graham Bell tenía a Thomas Watson. Johnny Cash tenía a June Carter. Todos tenemos personas en nuestra vida que se preocupan por nosotros y nos cuidan hasta en los más pequeños detalles, sin los cuales no tendríamos éxito. Necesitamos hacerles saber que ellas han marcado una diferencia en nuestra vida. Nadie llega solo a la cima.

Por esto, nunca estamos solos cuando atravesamos tiempos difíciles. Quizá, nos sentimos aislados, pero, si queremos llevar una vida resiliente, tenemos que admitir que hay personas que nunca se apartarán de nuestro lado. Nuestro círculo íntimo, ya sea en el trabajo o en nuestra vida personal, seguirá ahí para nosotros, listo para preparar nuestro paracaídas. Nos ayudará a superar la crisis y nos permitirá asumir nuestro próximo gran desafío. Así como nadie puede tener éxito solo, tampoco nadie puede superar estos tiempos difíciles solo. No tengas miedo de pedir ayuda y apoyo. Quienes nos aman no nos juzgarán y quiere que seamos felices y tengamos éxito. Solo es cuestión de apreciar a todos aquellos que se preocupan lo suficiente por nuestro bienestar en todo sentido para garantizarnos que tendremos un aterrizaje suave y sin contratiempos.

Ya sea que nos demos cuenta o no, todos vamos por la vida con paracaídas. Nuestro círculo íntimo, que nos lo ha empacado, espera que nunca necesitemos usarlo, pero llegará el momento en que tendremos que hacerlo. Y eso está bien.

El capitán Charlie Plumb nos ha dado una gran lección. A todos nos derriban en algún momento. Todos tenemos que enfrentarnos a situaciones difíciles. Todos experimentamos adversidad y pérdida. Pero, ¿no es reconfortante saber que realmente le importamos a alguien? ¿No es magnífico saber que nuestro paracaídas siempre se desplegará si reconocemos y apreciamos las pequeñas cosas que la gente hace por nosotros? ¿No es reconfortante saber que podemos devolverle amor y apoyo a quienes nos los brindan?

Disfruta de todo lo que la vida tiene para ofrecerte y no tengas miedo de fallar. Aterrizarás suavemente. Tu paracaídas ha sido empacado con cuidado.

"Estaremos ahí para ti en tu peor día"

Muchos quieren viajar contigo en limusina, ¡pero tú lo que quieres es a alguien que tome el autobús contigo cuando la limusina se averíe!
—**Oprah Winfrey**

Hace unos años, el hijo de mi amigo pasó por el proceso de ingreso a la universidad. Era un jugador grande y atlético, con una gran demanda por parte de varios programas de renombre. En su mayor parte, fue una experiencia increíble y gratificante, pero que requirió de mucha humildad de su parte.

Todas las universidades tenían buenas intenciones y les describieron escenarios en los que su hijo prosperaría en la escuela y disfrutaría de la gloria generada por el éxito del equipo.

"Te ayudaremos a participar en un campeonato nacional".

"Tendrás toda la exposición que necesitas para ser parte de All-Conference".

"Serás la pieza central de nuestro programa y ya tenemos listo un lugar en el equipo para que empieces a jugar de inmediato".

Todo esto es positivo. ¿Quién no quiere ganar? ¿Quién no quiere tener éxito individual y de equipo?

El caso es que una de las escuelas adoptó un enfoque marcadamente diferente al de las otras, superando a las demás al brindarle al chico apoyo y resiliencia incondicionales:

*"Creemos que aquí tendrás éxito, pero no será fácil. Llegará un día en que estés lesionado. Cuando tu novia te deje. Cuando no estés teniendo el tiempo de juego que pienses que mereces. Cuando te sientas como un pequeño pez en un gran estanque. Entonces, ¡estaremos ahí para apoyarte en medio de tu **peor** día!".*

Yo me inscribiría sin pensarlo en esa escuela. ¿No es eso de lo que se trata la vida?

Nuestro recorrido va a ser una montaña rusa. Experimentaremos emociones maravillosas que querremos que duren para siempre. El mercado se disparará. Nuestros clientes estarán rogándonos para que les demos soluciones. Nuestras decisiones se convertirán en oro. Nuestro equipo de trabajo se llevará muy bien y alcanzará sus objetivos al máximo.

No hay duda de que compartiremos estos increíbles momentos con nuestros compañeros de trabajo. Contaremos con el apoyo de la dirección y de nuestros accionistas. Nuestro equipo respetará y apreciará nuestro liderazgo.

Pero el ascenso meteórico a la cima no durará para siempre. Los mercados colapsan. Los clientes desaparecen. Los equipos discuten y discrepan. No siempre tomaremos las decisiones correctas. La pregunta aquí es: ¿quién estará allí para nosotros en nuestro momento más bajo? ¿Quién nos ayudará a recoger los pedazos?

Estas son las personas que debemos tener presentes. Las que debemos apreciar. Las que nos ayudarán a mantenernos resilientes. Lo mismo es cierto en todos los aspectos que hacen parte de nuestra vida. Habrá rachas ganadoras. Habrá momentos de éxito financiero. Habrá momentos en que todos los miembros de nuestra familia se lleven bien. Construiremos relaciones fuertes y estables y experimentaremos armonía en nuestra vida personal.

Pero también habrá rachas perdedoras. Habrá momentos durante los cuales los gastos agotarán nuestros ahorros. Las relaciones pueden marchitarse. Nuestra familia no siempre se moverá en la misma dirección.

¿Cómo volvemos a la normalidad? ¿A dónde podremos acudir?

Nos dirigiremos a nuestro grupo de apoyo. Sabremos rápidamente quiénes estarán ahí para nosotros y quiénes nos acompañarán a lo largo del viaje. Buscamos a aquellas personas especiales que se preocupan lo suficiente como para ayudarnos en nuestro peor día.

Y serán precisamente aquellos que nos han ayudado en nuestro peor día quienes *estarán allí* para celebrar con nosotros en nuestro mejor día.

La adversidad, según su propia definición, no es fácil. No queremos fallar. No queremos experimentar dolor. No buscamos momentos incómodos y difíciles. A nadie le gusta perder.

Sin embargo, esas derrotas son las que hacen que la victoria sea mucho más dulce. Esos fracasos nos hacen apreciar verdaderamente los triunfos. Ese dolor es el que nos lleva a sentir tanta alegría cuando las cosas mejoran.

¡No hay duda de que seremos recompensados por nuestra elección de echar mano de la resiliencia y no de la resignación!

Además, la celebración con aquellos que han estado ahí para nosotros en tiempos difíciles será mucho más significativa. Los lazos serán mucho más fuertes, porque ellos han experimentado nuestros fracasos junto con nosotros, han sentido nuestro dolor y ahora ven lo lejos que hemos llegado. ¡Por eso, ellos son también parte de nuestro éxito!

Las universidades que le prometían gloria, fama y éxito al hijo de mi amigo no estaban equivocadas. Siempre debemos esforzarnos por obtener lo mejor. Es esencial tener metas y sueños, y una visión optimista de nuestro futuro. Deberíamos poder imaginar la victoria.

Pero el éxito sostenido requiere de un equipo poderoso. Requiere del entorno adecuado. Requiere de un sistema de apoyo que nos guíe cuando cometemos un error o elegimos el camino equivocado. Requiere de alguien que no nos abandone cuando el camino se ponga rocoso.

¿Quién permanecerá con nosotros hasta que lleguemos a nuestra meta por difícil que esta sea?

*¿Quién va a estar ahí para nosotros en nuestro **peor** día?*

Deja algo de espacio en tu vida para la esperanza

Tener esperanza es maravilloso. Es tal vez la mejor de las cosas, ya que, con ella, nada bueno muere.
—**Andy Dufresne**, *Shawshank Redemption*

Hace algunos años, cuando mi hijo estaba en octavo grado, sus compañeros de clase y él presentaron una magnífica dramatización de *The Shawshank Redemption.* Si bien es posible que *Shawshank the Musical* no esté arrasando en Broadway a corto plazo, había algo mágico en ver a un grupo de chicos de 14 años representando una de las mejores historias jamás contadas.

Para aquellos que no estén familiarizados con la trama, *Shawshank* cuenta la historia de Andy Dufresne, un hombre acusado falsamente de asesinar a su esposa. Condenado a cadena perpetua, él debe lidiar con un mundo violento del cual no tiene salida, ni esperanza. Después de 20 años dentro de los muros desmoronados de la prisión de Shawshank, su única salvación es la posibilidad de llevar a cabo un plan audaz de escape.

Esta luz de esperanza le permite a Andy sobrevivir en aquel mundo brutal. Es esta esperanza (que es la más mínima esperanza) la que nos permite mantenernos positivos y motivados a pesar de todos los contratiempos que ocurran en nuestra vida. Yo estoy convencido de que, en el fondo, los seres humanos somos naturalmente propensos al optimismo (*¿Podrías deducirlo por el tono de este libro?*). Sin embargo, llega un momento en que la vida les quita a algunos esta esperanza y a cambio deja en ellos un rastro de pesimismo y amargura. Los fracasos comerciales, las relaciones rotas, las dificultades financieras y las actividades cotidianas tienen el potencial de agotar nuestra energía positiva.

Aun así, si mantenemos el más mínimo grano de esperanza, tenemos la capacidad de superar todo esto y más. La esperanza es la posibilidad (no la *promesa*) de tiempos mejores por venir. Sabemos que no hay garantías acerca de un éxito futuro, pero el simple hecho de imaginar un futuro mejor nos lleva a un estado de ánimo que nos motiva a seguir adelante y a luchar por una vida mejor.

La esperanza significa diferentes cosas para diferentes personas. ¿Es la posibilidad de abrirnos camino en la escala corporativa o es simplemente lograr éxito a nivel financiero? ¿Es la posibilidad de salir con una persona especial o es impactar positivamente la vida de alguien? ¿Es algo aún más atrevido?

No podemos tener miedo de soñar en grande, ni de alimentarnos del potencial que tenemos para construir un mejor futuro. Habrá personas que nos digan que dejemos de perder el tiempo, soñando con una meta elevada. A lo mejor, ellas tengan buenas intenciones al decirnos eso, pero depende de nosotros mantener viva nuestra esperanza. Todos somos diferentes y, mientras nuestros sueños, metas y acciones nos den esperanza, siempre será bueno que así sea. *Y nada bueno muere.*

El enemigo de la esperanza es creer en "nunca".

Nunca seré tan fuerte como él.

Nunca seré tan inteligente como ella.

Nunca lograré escribir así de bien, ni lanzar esa idea, ni hacer ese tiro de golf, ni resolver esa ecuación, ni tocar ese instrumento, ni dar ese discurso, ni dirigir esa empresa.

"Nunca" automáticamente nos saca del juego. Nos damos por vencidos incluso desde antes de comenzar a andar rumbo a la meta. "Nunca" elimina toda esperanza y llega un momento en que, sin darnos cuenta, comenzamos a creer en voces negativas. "Nunca" hace que la apatía se instale en nuestra vida y que ni siquiera nos importe si mañana será un día mejor. Solo queremos que mañana llegue lo más rápido posible para que esto se acabe de una buena vez.

¡Tenemos que salir de ese modo de pensar y sentir!

Tener esperanza es fácil. No nos cuesta nada. No nos pide nada. No trae consigo un inconveniente. Lo hermoso de ella es que cualquiera puede tenerla. Después de todo, la esperanza proviene de nuestro interior.

Los líderes y entrenadores de éxito te dirán que la esperanza no es una estrategia. ¡Y tienen toda la razón! La esperanza no reemplaza al trabajo duro, ni a la capacidad de ejecución, ni a la visión empresarial. La esperanza no reemplaza a la determinación, ni al coraje. No podemos, simplemente, sentarnos a esperar una vida mejor y no hacer nada que respalde esa esperanza.

Es cierto. A veces, nos esforzamos, pagamos el precio, ejecutamos nuestro plan y, aun así, nada de esto se traduce en éxito. Estos reveses, tanto a nivel personal como profesional, suelen ser devastadores, pero es durante estos tiempos que esa esperanza en el futuro nos permite avanzar en busca de otra oportunidad. Tenemos que poner nuestras cartas sobre la mesa. ¡Tenemos que mantener viva la esperanza!

Por mi parte, yo tengo la esperanza de que todos tengamos éxito en la próxima oportunidad que se nos presente. Tengo esperanza en que siempre mantengamos esa motivación que se requiere para maximizar nuestro potencial. Por encima de todo, tengo esperanza (y esa es la mejor de nuestras posesiones).

El lado positivo de una crisis

Si no funciona, nunca tendremos duda alguna de que el placer de intentarlo bien valió la pena el esfuerzo.
—Jimmy Buffett

Nadie ora pidiendo que una crisis llegue a su vida. No se la deseamos a otras personas y tampoco la deseamos para nosotros mismos. Hay dolor y estrés reales que afectan a todos los involucrados en una circunstancia difícil. La muerte de un ser querido, una relación rota, un revés en el trabajo o dificultades financieras. En circunstancias así, es hora de respirar profundo y enfrentarnos de una vez por todas a la lucha que se avecina. Además, una crisis es también una oportunidad para que nos apoyemos en ese círculo de amigos y familiares que siempre está ahí para nosotros cuando más lo necesitamos.

Jamás olvidaremos el aprecio y la preocupación que nos demuestra nuestro círculo íntimo en un momento de dificultad. Esa es una de las cosas "buenas" que surgen en medio de una crisis. Y cuanto más complicada sea la situación, más apreciamos la lealtad, el amor y el apoyo de estas relaciones. Todo el mundo está pasando por algún tipo de crisis. Es por esto que es crucial ayudarle a nuestro círculo interno a superarlas. La simpatía y la comprensión suelen convertirse en aportes importantes en medio de una catástrofe y de un bache temporal.

En el mundo de los negocios aplica el mismo principio con respecto a nuestros clientes. En mi primer trabajo después de graduarme en la universidad, vendía artículos de oficina en el área de Washington, D.C. Entonces, mientras luchaba por construir mi base de clientes, aprendí lo poderoso que era ayudarle a un cliente en crisis. Comprendía lo que era tener la necesidad urgente de un cartucho de tóner cuando una pequeña empresa tenía una fecha límite para entregar un proyecto. Veía lo que significaba la entrega inmediata de papel de fotocopiadora cuando un bufete de abogados necesitaba presentar un escrito a tiempo. El hecho de que yo tuviera claro lo importante que era brindar una respuesta pronta y una atención rápida en estas minicrisis marcó una gran diferencia para estas empresas. Si bien yo no estaba salvando al mundo, sí estaba demostrándoles lealtad y apoyo a mis clientes cuando más ellos lo necesitaban. Ellos nunca olvidaron mi respuesta en su momento de necesidad y se convirtieron en la base de mi negocio en los años que estaban por venir.

La confianza y la lealtad aumentan exponencialmente si podemos ayudarle a alguien a superar una crisis. Si bien ofrecer apoyo no es una cuestión de esperar que obtendremos algo a cambio, colaborar sí es imperativo en nuestra vida personal y lo correcto para nuestro negocio.

De la misma manera, los líderes de calidad deben darse cuenta de que los miembros de sus equipos son personas que también pasan por momentos difíciles. No es cuestión de profundizar en la vida personal de sus colaboradores, pero los líderes deben tener la capacidad de reconocer cuándo alguien necesita apoyo adicional.

Hace muchos años, cuando me mudé de la costa oeste para trabajar en Nueva York, estaba casi en bancarrota. La mudanza al otro lado del país, junto con lo costoso que es rentar vivienda en Manhattan, significaron una gran pérdida para mis finanzas. Para empeorar las cosas, hubo una falla en el sistema de nómina y no recibí mi cheque de pago de mi primer mes de empleo. Así las cosas, no tenía forma de pagar el alquiler, ni de comprar víveres.

El pánico se estaba apoderando de mí y no tenía a dónde ir. Mi jefe, Dave Gwozdz, no sabía cuán grave era mi situación personal, pero intuyó que este problema técnico me generaría inconvenientes. Fue entonces cuando me llamó a su oficina y me ofreció $500 dólares en efectivo para pagar el alquiler (¡te dije que esto fue hace mucho tiempo!) y se negó a aceptar un no por respuesta y a que le devolviera el dinero. ¡Qué gesto más desinteresado y empático de su parte!

Si bien $500 dólares no era mucho dinero para él, sí significaban mucho para mí en ese preciso momento. Ese hecho generó una confianza enorme entre los dos y una lealtad increíble de mi parte hacia la empresa. Trabajé tan duro como pude y nunca olvidé ese acto de generosidad. Hasta el día de hoy, dejaría todo para atender su llamada. Tenderle la mano a un miembro del equipo en una crisis, si bien es de por sí una recompensa a la vida misma, también nos hace distinguirnos como líderes y amigos.

No podemos desear tener una vida libre de crisis, pues este deseo solo conducirá a la decepción. Más bien, debemos centrarnos en el amor que recibiremos de nuestro círculo interno compuesto por todos esos amigos y familiares que nos *apoyarán* en momentos de necesidad. Oremos por tener la fuerza necesaria para ofrecerles nuestro apoyo cuando sean ellos quienes lo necesiten.

¿Qué más podemos pedir en tiempos de crisis?

¿Qué dirá la gente sobre nosotros en nuestro funeral?

Vivir en los corazones que dejamos atrás no es morir.
—Tomás Campbell

He asistido a una buena cantidad de funerales y siempre me sorprende cómo los apologistas hacen tantos comentarios tan perspicaces y elocuentes en momentos de dolor. En estos momentos de recordación se abre una inmensa ventana al notable legado de los difuntos. Los elogios cumplen el doble propósito de exaltar la vida ejemplar de ese ser querido que partió y de aliviar el dolor de los que quedan en luto. Existe algo hermoso y poético en el hecho de ofrecer el testimonio final de nuestro viaje aquí en la Tierra. Si alguna vez hay un momento para tener perspectiva máxima de nuestra vida, este es el momento. ¡Lástima que ya no estaremos presentes!

Entonces, ¿por qué no vivir nuestra vida con la mejor perspectiva posible en mente? Las pequeñas decisiones que tomamos en el camino pueden no parecer importantes; pero, una tras otra, demuestran nuestro carácter e impactan a quienes nos rodean. Antes de actuar, debemos recordar lo que otros dirían en nuestro funeral.

En la vida laboral, puede ser tentador salir adelante tergiversando la calidad o la función de un producto u ofreciendo consejos que no son los mejores para un cliente. Así, es posible obtener una victoria a corto plazo en forma de un nuevo cliente o de una gran venta. Pero, ¿nos gustaría que alguien les contara una historia así a nuestros nietos en nuestro funeral? Es posible que estemos demasiado centrados en nuestra propia carrera como para servile de mentores a un nuevo empleado o para ayudarle a un colega a resolver alguna dificultad. ¿Es ese el legado que queremos dejar, junto con nuestro negocio?

En nuestra vida personal, las luchas financieras y otras presiones agotan nuestra energía y tienden a desviar nuestra atención y enfoque de nuestro cónyuge o nuestros hijos. Es importante trabajar duro y construir la mejor vida posible. Pero, en nuestro funeral, nadie va a hablar sobre el tamaño de nuestra casa, ni de la cantidad de autos que dejamos guardados en el garaje.

Al final, nuestras relaciones familiares y nuestros amigos cercanos serán lo único que importe. Debemos tener en cuenta esa perspectiva a largo plazo, mientras luchamos contra las tumultuosas tormentas del presente. Tenemos la oportunidad de impactar de manera positiva muchas vidas a través de nuestras acciones. Es fundamental tratar a nuestros clientes con respeto y dignidad. Dispongámonos a asesorar a un colega, mostrándole cómo prosperar en su nuevo rol. (Después de todo, alguien *nos ayudó* a nosotros en nuestro propio viaje). Lo más importante es que trabajemos duro sin perder de vista nuestras relaciones con nuestros amigos y familiares cercanos a nosotros. Estas harán parte de nuestro legado.

Pero, ¿qué sucede si cometemos un error en el camino? ¿Seremos vilipendiados en nuestro propio funeral? ¡Por supuesto que no! Nadie es perfecto y no debemos esperar perfección de los demás, ni tampoco de nosotros mismos. En algún momento, tropezaremos. Entonces, no nos desesperemos. Seremos juzgados más que todo por cómo respondemos a nuestros errores. ¿Asumimos la responsabilidad de nuestras acciones y nos disculpamos? ¿Aprendimos del incidente y nos aseguramos de que nunca vuelva a suceder? ¿Recibimos valiosas manifestaciones de aprecio y tenemos una comprensión clara de lo afortunados que somos al tener amigos y familiares que nos apoyan en los momentos difíciles? Estos reveses pueden definir nuestra vida incluso más que nuestros mayores triunfos.

Dar un paso adelante y asumir nuestra responsabilidad es una de las cosas más valientes que podemos hacer. Aceptar la enseñanza que te brinda la vida para no volver a cometer una y otra vez el mismo error es la mejor definición de carácter. Necesitamos usar estos obstáculos como una oportunidad para construir un legado inspirador y redentor. Mientras nuestros contratiempos no afecten nuestras relaciones cercanas, estos serán un punto débil en el radar de nuestra vida.

No fuimos puestos en esta Tierra tan solo para sobrevivir. Por el contrario, trabajaremos duro, soñaremos en grande, amaremos profundamente y construiremos una vida extraordinaria. Pero necesitamos ser agradecidos a lo largo del camino. La seguridad financiera es importante, pero no podemos poner en peligro nuestras relaciones para lograrla. Si mantenemos relaciones sanas y amorosas, habremos vivido una vida extraordinaria. Si ayudamos y orientamos a nuestros colegas, amigos y familiares, habremos vivido una vida extraordinaria. Si cometemos algunos errores en el camino, pero asumimos la responsabilidad de nuestras acciones, habremos vivido una vida extraordinaria. Antes de actuar, debemos pensar en lo que diría la gente en nuestro funeral. Este principio debe guiar nuestras acciones e impactar nuestras decisiones. Nuestros familiares y amigos cercanos estarán ahí para nosotros incluso al final del recorrido.

¡Es fundamental comenzar a vivir nuestro propio elogio épico hoy, en el presente!

¿Cuál es tu habilidad?

Los cohetes son geniales.
Simplemente, no hay forma de evitar que así sea.
—Elon Musk

Toda figura legendaria tiene su "habilidad" especial. Alguna característica definitoria, algún talento único o una visión increíble que los impulsa a la grandeza. George Lucas tiene la asombrosa habilidad de idear personajes memorables y crear nuevos mundos. Muhammad Ali se movía por todo el rin como una mariposa y picaba como una abeja. Elon Musk tiene la visión simple, pero poderosa, de innovar y hacer que los viajes espaciales sean accesibles para las masas. Todas estas figuras aprovecharon sus cualidades únicas para construir un gran legado estadounidense que perdurará por generaciones. Si tan solo tuviéramos ese tipo de talento especial. Si tan solo pudiéramos lograr ese tipo de impacto en este mundo.

El hecho es que *cada uno* tiene su *habilidad* especial. Algún talento oculto, un ritual extravagante o una cualidad entrañable que contribuye a su carácter único. A lo mejor, muchas personas nunca aparecerán en la portada de *Time Magazine*, pero no por eso son menos influyentes en sus círculos locales. Tengo un amigo que reparte calcomanías de coronas navideñas dondequiera que va durante las vacaciones. *¿Quién no se divierte con eso?* El padre de un amigo mantiene monedas de dólar en sus bolsillos y, cada vez que tiene la oportunidad, hace pretender frente a los niños que se saca sus monedas "de la oreja", generando alegría y desconcierto entre ellos. ¡Clásico! Otro amigo hace sándwiches y se los reparte a las personas sin hogar que él vea cuando va por la ciudad. *¡Ahora, eso sí es marcar la diferencia!*

Tu marca quizá sea algo mucho más sencillo. Una risa estridente (todos saben que eres tú quien se está riendo). A lo mejor, sea un eslogan que repites a menudo ("¡Vamos por la victoria, amigos!"). Tal vez, tengas un hábito molesto, pero de alguna manera entrañable (¡saludar con puños!). Ejerces una lealtad fanática por un equipo deportivo (¿Ese tipo realmente lleva una camiseta de Babe Laufenberg?). Estas cualidades tan peculiares no son necesariamente requisitos previos para alcanzar la fama y la fortuna. Es posible que no nos ayuden a ingresar a una escuela de Ivy League, ni que nos aseguren un trabajo de alta esfera. Sin embargo, representan una personalidad genuina y un cierto encanto que nos hace únicos y memorables. Todas esas cualidades traen un poco de alegría a un pequeño grupo de la comunidad a la que pertenecemos y, colectivamente, contribuyen a hacer de este mundo un lugar mejor. Todos deberíamos tomarnos el tiempo necesario para apreciar estas cualidades y a las personas que las tienen.

Aun así, pueden surgir problemas cuando sufrimos un revés y comenzamos a sentirnos menos seguros de nuestra posición en el mundo. Cuestionamos nuestras cualidades peculiares y únicas y nos preguntamos por qué no podemos ser como los demás. El hecho es que, si empezamos a centrarnos más en la conformidad y menos en nuestra verdadera personalidad; si podemos pensar de maneras más estratégicas y menos emocionales, tal vez, el cliente se dé cuenta. Si nos deshacemos de nuestra corbata con la bandera estadounidense y de los zapatos blancos con blazer azul y mocasines, tal vez, la gerencia nos tome más en serio. Si dejamos de jugar con imprudencia en el campo deportivo y nos volvemos disciplinados, tal vez, así obtengamos una mejor imagen frente a nuestro entrenador. ¡Tal vez!

La emoción puede ser *tu cualidad especial*. Esos zapatos blancos podrían ser *tu distintivo*. Jugar como un perro rabioso podría ser *tu marca*. A lo mejor, nuestras peculiaridades e idiosincrasias nos perjudican en algunos momentos de nuestra vida, pero esa es nuestra naturaleza *auténtica*. Esos son los encantos y los talentos únicos que le estamos aportando a este mundo. No podemos escondernos de ese hecho, ni deberíamos *querer* escondernos de que así sea.

Además, nuestros talentos especiales y nuestra personalidad nos ayudarán a recuperarnos en tiempos difíciles. Deja que alguien más se preocupe por ser "perfecto" y por tratar de impresionar a los demás. ¡Lo que nosotros necesitamos es permanecer fieles a nuestro carácter y aceptar con optimismo *aquello* que nos hace únicos! ¡Ese sentir alimentará nuestra resiliencia!

Así que, no lo dudes y envía año a año esas tarjetas navideñas con esos saludos demasiado largos y personales. Adelante, saluda cada vez que te cruzas con alguien en el pasillo. Adelante, juega una ronda completa de golf con solo un *putter*. Es *nuestra autenticidad* la que nos ha llevado lejos en la vida. Tenemos que mantenernos fieles a nuestro carácter en los momentos difíciles. Es crucial hacer uso de él cuando nadie parece cubrirnos las espaldas. Puede que no nos demos cuenta, pero el mundo está hambriento de nuestras cualidades únicas y entrañables.

¡Sigamos adelante y hagamos que nuestra autenticidad marque la diferencia!

¿Quiénes son aquellas personas a las cuales acudes en tu vida?

> *En la necesidad se conoce al amigo.*
> —**Proverbio inglés**

Marzo es un mes particularmente especial para los aficionados al baloncesto universitario. Durante tres semanas de la "locura de marzo", los mejores equipos del país luchan por un trofeo de campeonato. En el juego, siempre hay un jugador que tiene la pelota y el destino de su equipo en sus manos, a medida que el juego avanza. El equipo confía en que ese líder determinará a favor su participación en la temporada. Por supuesto, la presión está puesta sobre él y claro, él *quiere* hacer el tiro de gracia. Así que, asume el riesgo, se quita la presión de encima y da todo de sí para aprovechar la oportunidad de convertirse en una leyenda instantánea (aunque solo sea por un momento), encestando. Christian Laettner, de Duke. Bryce Drew, de Valparaíso. Kris Jenkins, de Villanova. Estos jugadores se convirtieron en leyendas y en los chicos famosos, seleccionados para "hacer parte" de la nómina de los jugadores de la anhelada temporada de marzo.

Al igual que en el baloncesto, cada uno de nosotros tiene una persona a la cual recurrir cuando la presión es intensa. En los negocios, podría ser ese vendedor de confianza que sabe explicarle con calma los beneficios de una solución a un cliente que está en duda de hacer su decisión de compra. También puede ser aquel CEO visionario que tiene la capacidad de cerrar con convencimiento un trato que se está desmoronando. Quizá, sea el gerente ecuánime que sabe eliminar todos los obstáculos internos entre los miembros de su equipo. Estas personas nos hacen sentir cómodos cuando el trato está en juego y el negocio se encuentra en una encrucijada. De modo que depositar nuestra confianza en ellos suele asegurar la victoria.

De la misma manera, cada uno de nosotros tiene una persona a quien acudir en el área personal. Tal vez, sea el cónyuge, el padre o la madre, un miembro de la familia, un amigo cercano o una combinación de todos estos. El hecho es que a ellos les confiamos nuestros secretos más profundos y recurrimos a sus opiniones y consejos tanto en las buenas como en las malas. Por su parte, ellos reciben con aprecio y benevolencia nuestra presión, escuchan nuestros problemas y *quieren* que tengamos éxito. Es evidente que no podríamos lograrlo sin su apoyo.

¡Es en tiempos de crisis cuando más necesitamos de nuestra gente de confianza! Si queremos obrar con resiliencia y avanzar, no podemos hacerlo solos. La resiliencia requiere de trabajo en equipo. Si estamos luchando por obtener una venta, no podemos tener miedo de involucrar a nuestros líderes de confianza para que nos ayuden a guiarnos a lo largo del proceso. Si estamos luchando con un concepto complejo dentro o fuera del aula de clase, no podemos resistirnos a involucrar a un mentor o asesor para que nos guíe durante ese momento de dificultad. Si estamos luchando con el liderazgo y la dirección en nuestra empresa, es hora de hablar con nuestro contacto comercial más eficiente y pedirle su consejo. Estas personas nos ayudarán en los momentos críticos y se asegurarán de que siempre estemos en el equipo ganador.

Es aún más importante encontrar a la persona a la cual acudir en nuestra vida personal. Todos experimentamos contratiempos y obstáculos en algún momento. *Dificultades financieras. Problemas de pareja. Asuntos legales. Estrés académico o angustia.* Todo el mundo necesita alguien a quien acudir en momentos de angustia o desesperación. Confiamos en sus consejos y esta persona nos ayuda a seguir adelante incluso si solo está en "modo escucha". El simple hecho de confiar en ella nos infunde esperanza y nos permite enfrentar nuestros problemas con confianza. ¡Todas estas personas a las cuales acudimos son los mejores jugadores del equipo de nuestra vida!

También es importante recordar que nosotros también debemos estar dispuestos a ser esa persona a quien los demás quieran acudir. La resiliencia no es una calle de una sola vía. Dispongámonos a escuchar los problemas de las personas más cercanas a nosotros. Identifiquemos las señales de advertencia cuando alguien que nos importa parece estar en problemas. Necesitamos ser un brillante ejemplo de integridad en nuestra vida personal y profesional y lograr que quienes hacen parte de nuestro círculo íntimo sepan que siempre estaremos ahí para ellos. Así como necesitamos a esa persona a quien acudir en tiempos difíciles, también hay alguien que necesita nuestro apoyo. Estar ahí para los demás nos dará la fuerza para perseverar cuando enfrentemos nuestros propios momentos difíciles. Brindar este apoyo nos animará cuando nuestro propio sistema de apoyo se descomponga.

Pero, ¿qué sucede cuando esa persona a quien acudimos ya no puede ayudarnos? A lo mejor, hemos perdido a nuestra pareja, a uno de nuestros padres o a amigo cercano, ya sea por enfermedad o vejez. Si bien una pérdida como estas es terriblemente dolorosa, rendirnos no es una opción. ¡Esos son los momentos en que nos corresponde ser más fuertes que nunca! Necesitamos canalizar nuestro dolor, apoyando a otros. Es en esas circunstancias cruciales cuando es esencial dar ejemplo y ser como rocas para nuestros hijos y seres queridos. Ser una persona a la cual acudir también consiste en saber devolver los favores recibidos. Retribuyamos todo ese apoyo que hemos recibido y apoyemos a nuestro círculo de familiares y amigos. Este será nuestro legado.

Todo el mundo necesita a esa persona a la que acudir en los momentos difíciles de su vida. Es fundamental apreciar todo lo que los demás hacen por nosotros. Debemos honrarlos, mostrándoles nuestro agradecimiento. Manteniéndonos fuertes y resilientes. *¡Siendo esa persona a la cual los demás también quieran acudir!*

El insistente servicio de *catering*

Date a ti mismo tanto como das de ti mismo.
—Suze Orman

Hay ciertos momentos en nuestra vida que nunca olvidaremos. Tal vez, una espectacular jugada que hicimos durante un juego en nuestra época de juventud. Tal vez, el recuerdo de uno de nuestros padres que todavía alegra nuestro corazón. Tal vez, un momento especial en medio de unas vacaciones o una conexión personal que marcó la diferencia en nuestra vida. Los recuerdos no tienen que cambiarnos la vida, ni incluso ser significativos. Pero, por alguna razón, permanecen en nuestra memoria, estampados en colores vivos.

Uno de esos recuerdos míos ocurrió en nuestra boda (¡hace muchos, muchos años!). Fue un evento glorioso, lleno de familia y grandes amigos. Qué increíble oportunidad de tener a todos aquellos que nos importan reunidos en un solo lugar, celebrando las cosas lindas de la vida.

Como es obvio, estábamos ocupados yendo de mesa en mesa, dando y recibiendo abrazos, revisando y asegurándonos de que todos nuestros invitados estuvieran pasando un buen rato. Pronto, llegó el momento de cortar el pastel, hacer el brindis (¡buen trabajo, Steve!) y de todas las demás ceremonias que acompañan a ese día tan lleno de cosas por hacer.

Hacia la mitad de la recepción, el encargado del servicio de *catering* se acercó a nosotros e *insistió* en que había llegado el momento de que comiéramos. Mi esposa y yo estábamos atareados, compartiendo con nuestros invitados y sentíamos que todavía no era el momento de comer.

"No me hagan arrastrarlos hasta la mesa", insistió el proveedor, medio en broma.

Entonces, pasando por encima de nuestras leves protestas, él nos tomó a ambos por el brazo y nos sacó del salón de recepción. Más allá de la puerta había una mesa puesta para dos comensales, con enormes platos de pasta ya servidos. Ninguno de los dos sentíamos que tuviéramos hambre. Lo cierto es que, después del primer bocado, ¡nuestros platos quedaron limpios en segundos! Los dos estábamos hambrientos, pero estábamos demasiado atrapados en medio de la adrenalina, la emoción y el tumulto como para reconocer cuánto necesitábamos alimentarnos.

Creo que muchos de nosotros caemos en esa misma trampa en nuestro trabajo y en nuestra vida personal.

En nuestra vida laboral, solemos dejarnos consumir por las minucias de nuestras responsabilidades diarias. Tenemos personal que administrar, metas que alcanzar, problemas que resolver y proyectos que entregar. La tecnología y la competencia avanzan más rápido de lo que jamás creímos posible. Podemos pasar semanas enteras trabajando para eliminar ítems de nuestra lista de tareas pendientes en un esfuerzo inútil por mantenernos a la vanguardia.

Pero, ¿cuántas veces damos un paso atrás y nos hacemos preguntas trascendentales? *¿Cuáles son mis objetivos de alto nivel? ¿Cuáles son mis prioridades? ¿Cómo me estoy cuidando para poder alcanzar el éxito?* Existe una diferencia entre estar ocupado y ser productivo. A veces, necesitamos alejarnos del caos del día a día y evaluar dónde estamos en nuestra vida laboral. Es fundamental hacer un alto en el camino y asegurarnos de que nuestra perspectiva sea la adecuada y agradecer que así sea. ¡Solo cuando tomamos un tiempo de descanso nos damos cuenta de cuánto lo necesitábamos!

En nuestra vida personal ocurre lo mismo. Es muy fácil quedar atrapados entre toneladas de funciones y obligaciones sociales.

Tenemos compromisos, salidas y actividades que llenan el tiempo "libre" que nos queda. Nuestra vida avanza en medio de familiares, amigos y compañeros de trabajo.

En gran parte, esto es saludable y ciertamente supera la posibilidad de tener que enfrentar soledad y aislamiento. Pero, ¿cuántas veces damos un paso atrás y nos tomamos el tiempo para evaluar nuestras acciones? *¿Son todas nuestras actividades necesarias y productivas? ¿Son todas nuestras relaciones saludables y positivas? ¿Nos hemos tomado el tiempo para asegurarnos de satisfacer nuestras necesidades?* Es correcto y responsable cuidar de los demás y brindarles alegría y satisfacción a nuestros familiares y amigos, pero tenemos que asegurarnos de cuidarnos a nosotros mismos. Es fundamental tener presente que *nuestro bienestar comienza en nuestro interior.*

¿Por qué es esto tan importante? Porque, sin bienestar y perspectiva, es MUCHO más difícil mantenernos resilientes cada vez que las paredes a nuestro alrededor comienzan a desmoronarse. En tiempos de conflicto e incertidumbre es crucial mantenernos enfocados. Necesitamos ser fuertes. Necesitamos toda nuestra energía centrada en volver a ser la mejor versión de nosotros mismos. Si nos dejamos atrapar por la adrenalina y el caos de nuestra vida cotidiana, nos encontraremos hambrientos y débiles cuando más lo necesitemos. Es por eso que tenemos que fortalecernos desde antes de llegar a ese punto.

Necesitamos personas que nos ayuden a darnos cuenta de la profundidad de nuestra debilidad. ¿Quiénes te proveen de fortaleza y resiliencia? ¿Quiénes te dan aliento y alimentan tu existencia? ¿Quiénes te ayudan a apreciar todo lo que tienes en este mundo? Aprecia a esas personas. Déjalas que te ayuden. No se lo impidas. Habrá veces en que te parecerán intensas o entrometidas. Pero hay veces en que necesitamos que ellas nos ayuden a ver lo que nosotros mismos no podemos ver.

No olvides sacar el tiempo para cuidarte a ti mismo. Todos necesitamos tomarnos un tiempo lejos de la locura. Está bien darnos un respiro. Al fin de cuentas, el cuidado de los demás y el nuestro alimentarán nuestra capacidad de resiliencia.

Los ángeles guardianes y el poder de la resiliencia

> *Sabía que no moriría, porque su vida era como las raíces de un árbol, que se adentraban kilómetros en la tierra y kilómetros alrededor de su tronco. Un árbol tan grande nunca morirá.*
>
> —Donald Miller,
> ***A Million Miles in a Thousand Years***

Mi hija Courtney ama decorar la casa para la Navidad. Me encanta eso de ella. Se sienta a desenrollar las extensiones de las luces, toma el rollo de la cinta adhesiva y la caja de los chinches y las cuelga por toda la casa. Una Navidad, Courtney estaba colgando algunas luces en el sótano cuando una cinta se desprendió de la pared y el cable cayó al suelo. Una de las bombillas al lado del tomacorriente se rompió con el impacto y justo al pie del tomacorriente había un póster de Dave Flynn.

Dave Flynn fue un buen amigo mío que falleció de manera inesperada y trágica hace varios años. Era un gran personaje, con un corazón más afable que el de cualquiera. Si estabas con Dave, lo pasabas muy bien y siempre estarías protegido. Dave tenía una manera de ser que te hacía sentir que todo *estaba bien en el mundo*. Así que guardé aquel viejo cartel del torneo de golf en mi sótano para recordarle a nuestra familia esa sensación de seguridad.

Lo cierto del caso es que Courtney comenzó a reemplazar la bombilla rota sin darse cuenta que las luces aún estaban enchufadas. Así que, cuando sus dedos estaban a pulgadas del enchufe, una chispa gigante salió disparada y fue a parar directo al póster con la imagen de mi amigo (en lugar de hacia Courtney), causando una miniexplosión. De inmediato, Courtney se alejó de las luces y una parte del cartel se quemó. Podría haber sido Courtney, pero ella logró desconectar la extensión de las luces y todo estuvo bajo control.

¿Habría una explicación científica para explicar este hecho? ¿Fue esa una coincidencia? ¿O mi hija fue salvada por un ángel guardián?

Todos los escenarios son posibles. Sin embargo, yo elijo creer que tenemos personas que nos cuidan en este mundo. ¿No podríamos todos hacer uso de esa ayuda adicional? Nuestra vida no es fácil. A cada paso nos encontramos con desafíos y trampas. Luchamos por tener seguridad financiera. Buscamos sentido y motivación en nuestra vida laboral. Nos preocupamos por mantener seguros a nuestros hijos. Luchamos con personalidades fuertes en nuestro trabajo y en nuestra vida personal. Tenemos que superar más desafíos de los que nunca soñamos que iríamos a enfrentar. Hay momentos en que nos sentimos solos en esta lucha. Hay situaciones en las que sentimos que no tenemos la energía necesaria para seguir adelante, pero el estancamiento y la resignación no son la mejor opción.

En casos así, ¿qué nos pondría en movimiento? ¿Qué nos inspiraría en esos tiempos oscuros? La inspiración podría venir de cualquier parte. De una canción conmovedora. De una lectura que nos haga reflexionar. De un acto de misericordia. De las palabras de aliento de un amigo. *¡De una chispa en un póster!* La motivación está a nuestro alrededor, pero tenemos que estar abiertos a ella. Tenemos que creer que las cosas mejorarán y que no estamos solos en este mundo.

No lograremos recuperarnos si levantamos muros y nos retiramos a nuestro caparazón. Podemos optar por ignorar las señales. Podemos enfocarnos en la ciencia e ignorar la fe. Podemos creer en las coincidencias y descartar a los ángeles de la guarda. Podemos enfrentarnos solos a una creciente ola de desesperación, pero estaremos haciéndolo bajo nuestro propio riesgo.

La resiliencia es un deporte que se practica en equipo. Hay momentos en los que hasta los individuos más fuertes no están a la altura de los desafíos que se les presentan. Hay situaciones en las que todos necesitamos buscar apoyo y motivación externos, pues no seremos capaces de hacerlo solos. Necesitamos nuestro círculo cercano de familiares y amigos. ¡Los necesitamos para que nos ayuden a mantenernos resilientes!

Pero la resiliencia en sí misma no tiene ningún sentido lógico. ¿Por qué someternos a más angustias o pérdidas? ¿Por qué no retirarnos y minimizar al máximo posible nuestras pérdidas? Porque nos debemos a nuestros amigos y a nuestra familia. Estamos en deuda de gratitud con todos aquellos que alguna vez han creído en nosotros; con nuestro círculo íntimo, pues nos han apoyado en todo momento.

Hay ciertas personas que nunca nos dejarán. *Un padre, un hijo, un hermano, un cónyuge, un amigo, un ser querido.* Podrán incluso dejar este mundo, pero su influencia, sus consejos y su atención genuina en nosotros vivirán para siempre. Seguiremos viéndolos obrar a través de las personas que ellos dejaron atrás. Los veremos en nuestra vida cotidiana. Siempre estarán con nosotros.

Si tenemos fe y en verdad creemos que no estamos solos, no habrá nada que no podamos vencer, ni nada que nos detenga.

Estoy convencido de que no podemos explicar todo en este mundo a través de la ciencia o la coincidencia. Creo en los ángeles guardianes y en el poder de la resiliencia. También *creo que hay personas que amamos que nunca morirán, ni en nuestra mente, ni en nuestro corazón.*

Evita la mentalidad de cangrejo

Mantente alejado de las personas que menosprecian tus ambiciones. La gente pequeña siempre hace eso, pero la realmente grande te hace sentir que tú también puedes llegar a ser grande.
—Mark Twain

Para llevar una vida resiliente debemos armarnos de valor y sacudirnos esa "mentalidad de cangrejo". Me refiero a que, cuando los cangrejos están en una olla de agua hirviendo, por lo general, se tiran hacia abajo los unos a los otros en inútiles intentos, pues cada uno quiere ser el "rey" de la olla. Tan pronto como un cangrejo está a punto de escapar, los otros lo arrastran hacia el fondo de la olla. En lugar de ayudarse unos a otros a salir de ahí, esta mentalidad lo único que les asegura a todos es la desaparición colectiva del grupo. En esencia, esa es la máxima manifestación de la filosofía humana que afirma que "si yo no puedo lograrlo, tú tampoco lo lograrás". ¡Pensar así va en contra de la resiliencia cotidiana!

En nuestra vida laboral, ¿con qué frecuencia animamos a otros a que tengan éxito? ¿Nos alegramos cada vez que un compañero de ventas trae un gran negocio? ¿O menospreciamos su logro? ¿Tratamos de ayudarle a un nuevo miembro del equipo a ponerse al día lo más rápido posible con todo lo que necesita saber? ¿O tendemos a impedir su progreso? Como líderes, ¿fomentamos el éxito colectivo de nuestro equipo? ¿O saboteamos a aquellos que bien podrían tomar nuestro lugar en el cargo que desempeñamos? ¿Fomentamos el libre pensamiento? ¿O nos atribuimos el mérito de la idea de un miembro del equipo solo para mantenerlo en el anonimato?

Las culturas de trabajo más dinámicas fomentan el éxito del equipo al promover y alentar genuinamente a sus miembros a que vayan más allá de sus metas y triunfen en todo. Allí, no hay tolerancia para la mentalidad de cangrejo, incluso si eso significa dejar que uno salga de la olla. En lugar de forzar a un miembro exitoso a quedarse, una cultura de trabajo positiva fomenta el crecimiento de sus colaboradores y ve los ascensos en la escala corporativa (tanto interna como externa) como la máxima forma de elogio y reconocimiento a una labor óptima.

En nuestra vida personal, ¿nos sentimos contentos cuando alguien en nuestro círculo más íntimo compra una casa más grande que la nuestra? ¿O encontramos la manera de convertir un evento positivo en algo negativo? ("¿Realmente necesitabas tanto espacio?"). ¿Estamos contentos cuando al fin un amigo encuentra una pareja adecuada? ¿O somos quisquillosos con las deficiencias de su nuevo cónyuge? ("¿Viste su cabello? ¡Que se peine!"). ¿Apoyamos a un miembro de nuestro círculo íntimo cuando logra la libertad financiera? ¿O cuestionamos la legitimidad de su éxito? ("Sí, ganarás mucho dinero, ¡pero ese es un trabajo tan insatisfactorio!"). Menospreciar el éxito de los demás solo sirve como un obstáculo para trabajar en nuestro desarrollo propio y en nuestra felicidad.

En lugar de tirarlos hacia el fondo de la olla, alégrate por los logros de los demás. Que las victorias de otros te sirvan como motivación para enfocarte y trabajar en tu propio éxito. Alguien más se ha abierto el camino al éxito. Ahora, ya sabes que es posible triunfar. ¡Si ellos pueden hacerlo, tú también!

Esta mentalidad de cangrejo es especialmente dañina cuando sufrimos un revés en nuestra vida personal. Durante estos tiempos difíciles, el éxito de los demás exacerba nuestra propia situación indeseable. La miseria y los celos nos atacan con violencia y queremos que todos sientan nuestro dolor, generando así un círculo vicioso de desesperación y autodesprecio. Se vuelve mucho más difícil avanzar hacia la resiliencia si buscamos fallas y fallas en todo lo que nos rodea.

Irónicamente, celebrar los logros de los demás, en especial, los de aquellos que conforman nuestro círculo íntimo, ¡nos ayudará a salir de la olla hirviendo!

En lugar de aplicar esta filosofía de que "si yo no puedo lograrlo, tú tampoco", celebra la filosofía de que "si yo no puedo lograrlo, me alegra que alguien que es importante para mí *sí* lo haya logrado". Esa mentalidad sana nos permitirá salir adelante con nuestras propias carencias y también en nuestros momentos de contratiempos. Generará un equipo de trabajo más fuerte y vibrante; un ambiente más amoroso en nuestra vida personal. Nos permitirá escapar de la olla hirviendo del pensamiento negativo y avanzar hacia la libertad personal.

Una olla de cangrejos hirviendo no tiene por qué ser una metáfora de nuestra vida. Tenemos que centrarnos en nuestro propio viaje hacia el éxito y la felicidad. Cuando lleguemos allí, debemos darnos cuenta de que muy seguramente habrá otros que todavía están luchando y sufriendo en la parte baja del camino a lograr sus metas. Qué importante agacharnos y brindarles una mano amiga (¡o una garra!). Algunos insistirán en llevarnos de regreso a la olla hirviendo. No invirtamos nuestro valioso tiempo en ellos. Estaremos demasiado ocupados celebrando los logros de los demás e inspirando a otros a tener éxito. ¡Estaremos demasiado ocupados llevando el estilo de vida resiliente y saludable que estábamos destinados a vivir!

Hazte presente en el presente

*La felicidad no es algo que pospones para el futuro,
sino algo que disfrutas en el presente.*
—Jim Rohn

La vida puede salirse de control con el creciente estrés del trabajo y de la vida familiar de hoy. Rara vez, tenemos el tiempo o la energía necesarios para reflexionar y apreciar. Más bien, corremos de una tarea a otra y de una conversación a otra, tratando de mantenernos al día con el flujo interminable de todo aquello que requiere de nuestro tiempo y atención. O, peor aún, vivimos en los errores del pasado y nos paralizamos, debido a nuestros fracasos. La capacidad de mantener la perspectiva y el aprecio por todo lo bueno en el momento presente nos permitirá concentrarnos mejor en cada tarea por hacer y en seguir adelante. En resumen, ¡es esencial reconocer la importancia de estar presentes en el presente!

En los buenos momentos, debemos disfrutar el presente y reconocer que algo especial nos está pasando. Todavía recuerdo la sensación de salir del campo de juego en mi último partido de fútbol de la escuela secundaria en Georgetown Prep. Como ya antes lo mencioné en este libro, teníamos un equipo muy especial y terminamos la temporada invictos y altamente clasificados. En ese momento presente, yo supe comprender que siempre recordaría con gran cariño aquel día. Salí de la cancha y me empapé, literalmente, de cada detalle y de cada emoción del momento. Recuerdo la mirada en los rostros de mis padres, mientras vitoreaban desde las gradas. Recuerdo a mis compañeros de equipo, celebrando tanto individualmente como juntos. Recuerdo el olor a hierba y barro y lo feliz que me sentía al mirar hacia el tablero donde estaba anotado el resultado que nos hizo ganadores. Todo estaba sucediendo en cámara lenta a medida que yo disfrutaba esa victoria.

Debido a que estaba presente en el presente, el recuerdo de ese momento tan único ha perdurado a lo largo de mi vida. Con demasiada frecuencia, no apreciamos lo que tenemos a cada instante y es solo en retrospectiva que reconocemos su importancia. ¡No vivamos la felicidad desde el espejo retrovisor! Tomémonos el tiempo para reflexionar sobre el presente y agradezcamos las bendiciones del día a día.

Parece razonable reconocer y apreciar el presente cuando los buenos tiempos están pasando. Pero, ¿qué hay de "estar presentes en el presente" durante los tiempos desafiantes? Si bien no es tan fácil hacerlo, es igual de importante. Si vamos a llevar una vida resiliente, también es esencial reconocer y apreciar esos momentos retadores. Estar presentes en el presente implica más que solo anhelar tiempos mejores. Esto me recuerda un dicho clásico en el ejército que muchos soldados recuerdan durante la batalla: "Nunca asumas que las cosas no pueden empeorar".

En el trabajo, si perdemos una gran venta, es imperioso que tengamos presente que hay otros clientes y otras oportunidades. Si no reconocemos el presente y tomamos cartas en el asunto, ¡podríamos perderlos a todos! Si olvidamos una tarea, reconozcámoslo, pero no nos detengamos para siempre en esa falla. Eso solo nos conducirá a más errores en el futuro. Necesitamos aceptar el fracaso presente y tomar el control de nuestro futuro. ¡Recuerda, la resiliencia diaria consiste en seguir adelante!

Vivir en el presente, ya sea en medio de buenos o malos tiempos, nos ayudará a apreciar mejor nuestra vida y a disfrutar de paz y felicidad. A medida que nos acercamos al final de este libro, *¡el mejor presente que tengo para presentarte es la importancia de estar presente en el presente!*

Perfil de una resiliencia cotidiana basada en el agradecimiento: el entrenador Rooster Nalls y sus cinco lecciones de vida

Rooster Nalls es esposo y padre de tres hermosos hijos. Generaciones de jugadores en Maplewood, un equipo de fútbol juvenil en el área de Washington, D.C., han disfrutado de su pasión y fuego deportivo. Naills ha asesorado y ubicado a docenas de entrenadores en otros trabajos. Es una leyenda local.

Creció, siendo el menor de ocho hermanos de una gran familia católica en Bethesda, Maryland. Como es costumbre en las familias unidas, los hermanos mayores suelen ponerles apodos a los hermanos menores. Apodos como "Stretch", "Toot" y "Whales" también podrían haber quedado impresos en sus certificados de nacimiento. ¿Qué apodo le pusieron entonces sus hermanos, siendo Joseph el menor? ¡"Rooster" Nalls!

Rooster Nalls ha sido entrenador de fútbol juvenil durante 25 años.

Para Rooster, entrenar es algo que él aprecia tanto como *respirar*. Implica también una búsqueda constante de ser mejor. Después de cada partido, bien sea que su equipo *gane* o *pierda*, Rooster se sienta a idear y preparar nuevos planes para mejorar el rendimiento de todos y cada uno de los chicos. Pero, más que nada, él quiere que ellos entiendan cuáles son esos fundamentos indispensables para construir un equipo exitoso. De modo que, siendo igual de crítico, él quiere que ellos pongan en práctica estas lecciones también fuera del campo de fútbol, en su vida diaria.

Al comienzo de cada temporada, Rooster le inculca a su equipo estos fundamentos en una serie de apasionados discursos. Les da gotitas de inspiración del tamaño de un bocado, las cuales van formando la columna vertebral de una unidad cohesiva. Les imparte palabras de sabiduría que les sirvan a sus jugadores mucho más allá del campo del fútbol. En esencia, estas lecciones se centran en el aprecio. Cada lección es tan importante como la siguiente:

Hacer contacto**

Divertirse

Poner al equipo primero

Pagar el precio

Jugar con orgullo

**Hacer contacto también termina la lista. ¡Porque todo "comienza y termina haciendo contacto!".

Estos fundamentos aplican al juego de fútbol y también al juego de la vida.

Para el entrenador Nalls, *hacer contacto* es mucho más que ponerse el casco y chocar con alguien. Es la máxima expresión de confianza en uno mismo. Es la voluntad de confiar en ti mismo por completo.

"Hacer contacto es una señal de que has dejado tus miedos y te has comprometido con el equipo. Cuando un jugador toma la decisión de dar un paso al frente y lanzar un hit, ha tomado la decisión de 'darlo todo'. ¡Todo comienza con el movimiento inicial!".

De la misma manera, nosotros no podemos simplemente sentarnos y dejar que la vida nos inunde. Debemos comenzar a hacer contacto. Es decir, superar nuestros miedos y perseguir con confianza nuestros sueños y metas. A veces, eso significa creer que tendremos éxito incluso estando frente a la derrota. Solo tenemos una oportunidad en esta vida. Por lo tanto, debemos comprometernos con la excelencia. ¡O nos metemos todos o nos quedamos al margen!

Divertirse es el sello distintivo de todo equipo del entrenador Nalls. Pero esto no consiste en perder el tiempo en la práctica, ni en hacer bromas.

"Divertirse es jugar con energía. Divertirse significa jugar con emoción. Cuando un jugador elige divertirse (¡porque es una elección!), todos en el equipo se alimentan de este espíritu. Los jugadores entrenan y trabajan mucho para ganar el juego. Sin embargo, si no se divierten en la cancha, ¿para qué molestarse en jugar?".

De la misma manera, es fundamental que *elijamos* divertirnos en nuestra propia vida. Necesitamos aceptar nuestros desafíos laborales y atacarlos con energía. Necesitamos lanzarnos a disfrutar de nuestras relaciones y expresar de manera franca y abierta nuestras emociones. Necesitamos ser ese ejemplo brillante que inspire a otros a seguir adelante. Divertirse es una elección. Y es una elección que tendrá un enorme impacto en todos los que nos rodean.

La vida está llena de trabajo duro y de grandes desafíos. Pero si los afrontamos con energía y entusiasmo, ¡nos divertiremos mucho en el camino!

Sin embargo, *todo se trata de poner al equipo primero*. Esto es fundamental en el juego de fútbol. Y, como predica el entrenador Nalls, *es simple, pero no fácil de hacer*. No es fácil, porque todos tenemos ego. Todos queremos atrapar el pase. Todos queremos anotar el *touchdown*. Todos queremos escuchar el aplauso de la multitud hacia nosotros.

"Poner al equipo primero significa que todos y cada uno de los jugadores entienden su rol. Cada rol es muy importante para el éxito general del equipo. *Ningún* jugador está por encima del resto. ¡Cuando la multitud vitorea, están vitoreando al equipo!".

Del mismo modo, los mejores directivos anteponen los intereses de sus equipos a sus propias necesidades. Ellos saben que, al compartir el centro de atención y ayudar a los miembros de sus equipos a tener éxito, al final, la empresa será más fuerte.

Los padres amorosos saben que su familia es su equipo más importante. No se trata de su gloria, ni de su éxito individual. Una familia saludable y funcional comienza desde arriba y esa es la máxima recompensa.

Todos debemos dejar de lado nuestro ego y poner a nuestros equipos primero. ¡Esa es la mejor señal de ser un verdadero campeón!

Pero, en algún momento, habrá que *pagar el precio*. Tener éxito en el campo de fútbol no solo es cuestión de hacer acto de presencia. El entrenador Nalls le exige a su equipo un nivel de esfuerzo supremo. El trabajo que hagas durante los tiempos difíciles pagará sus dividendos en el futuro.

"Todo lo que vale la pena requiere de sacrificio y esfuerzo. ¡Si quieres ganar un campeonato, tienes que pagar el precio!".

Para el resto de nosotros es válido decir que no podemos ir al ritmo de lo que vaya ocurriendo en nuestra vida y esperar así a alcanzar grandes metas. La vida no se trata solo de hacer acto de presencia. Es esencial trabajar duro y hacer el máximo esfuerzo, así como estar dispuestos a exponernos y sufrir el ridículo y la derrota.

El camino al éxito no es fácil. Necesitaremos coraje y determinación. Habrá tiempos oscuros y momentos bajos. Pero, si pagamos el precio y nunca dejamos de creer, ¡al final, saldremos vencedores!

Por último, hay que *jugar con orgullo*. Como dice el entrenador Nalls:

"¡Tiene que importarte tanto, que sea casi absurdo! Comenzando por las pequeñas cosas. Enorgullécete de tu uniforme. Enorgullécete de los ejercicios previos al juego. Enorgullécete de llegar a tiempo".

Ese orgullo ocurre en los juegos en los que sus jugadores se enorgullecen de jugar unos para otros.

"Si todos juegan con orgullo, el equipo maximizará su potencial. Y ya sea que ganen o pierdan, ¡los jugadores podrán mantener la cabeza en alto!".

De la misma manera, nosotros también debemos enorgullecernos de todo lo que hacemos en nuestro trabajo y en nuestra vida personal. De las tareas serviles; de las que parecen ser insignificantes; de hacer las compras y las diligencias comunes y corrientes. No podemos evaluar y elegir qué es aquello que sí haremos con orgullo.

Este orgullo debe brillar en cada faceta de nuestra vida. De nuestras relaciones. De nuestra familia. De nuestra carrera. De nuestras aficiones. ¡Todo lo que hagamos tiene que importarnos tanto, que sea casi absurdo! Porque, cuando lo hacemos, estamos predicando con el ejemplo. Inspiramos a otros a ser mejores ¡y proclamamos al mundo que sentir orgullo por *todo lo que hacemos siempre es importante!*

Cada temporada, el entrenador Nalls lleva a sus jugadores a un viaje. A lo largo de los años, él ha inspirado a toda una generación a través de su aprecio por el juego y por su óptimo nivel de compromiso con la excelencia. ¿Durante cuánto tiempo más seguirá él como entrenador? ¿Habrá un final a la vista?

"Dejaré de entrenar cuando el fútbol no sea lo único en lo que pienso cuando estoy allí".

Amén. Y gracias por darnos esta lección final. **Cuando estás ferozmente dedicado a una causa, no hay nada que pueda distraerte de tus objetivos.** Cuando estás entrenando, entrenas con pasión. Cuando juegas, juegas con un abandono imprudente. Cuando estás trabajando, te dedicas a la tarea que tienes entre manos. Y cuando pasas tiempo con tu familia, *estás pasando tiempo con tu familia.*

No puedes estar físicamente en un lugar y mentalmente en otro. Sea lo que sea que estés haciendo, tiene que importarte tanto ¡que sea casi absurdo!

¡Haz contacto de frente con la vida!

¡Diviértete haciéndolo!

¡Pon a tu equipo primero!

¡Paga el precio!

¡Hazlo todo con orgullo!

Y, finalmente, mantente enfocado y aprecia cada segundo que estás en el campo.

El entrenador Rooster Nalls nos ha proporcionado una guía para llevar una vida resiliente. Es simple, pero no es sencillo.

Todos tenemos este plan de juego dentro de nosotros.

¡Ahora salgamos todos y hagamos del mundo un lugar mejor!

La palabra final

*El éxito no es definitivo, el fracaso no es fatal:
lo que cuenta es el coraje de continuar.*
—Winston Churchill

Nuestra vida es un viaje constante. Habrá momentos increíbles de alegría desenfrenada. Habrá momentos devastadores de angustia y desesperación. Habrá momentos en que, a pesar de nuestros mejores planes, tengamos poco control sobre nuestra situación. Rara vez, tenemos un camino fácil. Pero la forma en que reaccionamos durante esos momentos bajos moldeará nuestro carácter y establecerá nuestra determinación.

Tenemos dos opciones. Podemos darnos por vencidos mentalmente, abandonar nuestros sueños y vivir nuestra vida sin alcanzar nunca nuestro potencial. Podemos permanecer amargados, actuar como víctimas y quejarnos constantemente de nuestras circunstancias. O podemos *elegir* ser resilientes.

La resiliencia conduce a un camino de felicidad y éxito. Construye nuestra confianza y nos permite hacerles frente a nuestros miedos y dudas. La resiliencia potencia nuestras relaciones y nos permite superar cualquier obstáculo.

A través de las páginas de este libro hemos visto cómo el hecho de elegir la resiliencia nos permite superar la **adversidad**, mantener una **perspectiva** saludable, alimentar nuestra **pasión** y experimentar un **aprecio** profundo y sincero.

Y ahora, la mejor parte. No necesitamos ser ricos y famosos para ser resilientes. No necesitamos ser superestrellas para ser resilientes. Todos enfrentamos desafíos y luchas en nuestra vida cotidiana. ¡Y TODOS tenemos la capacidad de superar estos tiempos difíciles a través de nuestras propias acciones!

Esta resiliencia cotidiana habita en cada uno de nosotros. Es mi esperanza que este libro sirva como un catalizador para que todos nosotros encontremos nuestra fuerza interior, para seguir avanzando y ser una influencia positiva en este mundo. Gracias por dedicarle tiempo a esta búsqueda de resiliencia cotidiana.

Debemos luchar por la resiliencia en nuestra vida profesional. Debemos luchar por la resiliencia en nuestra vida personal. Pero, lograr esto no será un viaje lineal. Siéntete libre de consultar ciertos capítulos o mensajes a medida que avanzas en tu vida. Ya sea en las buenas o en las malas, todos necesitamos una guía sencilla que nos ayude a encontrar y volver al camino correcto. Todos merecemos el éxito y la felicidad. Todos merecemos ser héroes cotidianos en nuestra propia vida.

¡Buena suerte con tu propio viaje personal y no olvides seguir sonriendo en el camino!

NOTAS